DE LA POESIE FRANÇAISE

Jean-Joseph Julaud

FIRST
ÉDITIONS

ISBN : 978-2-412-04444-5
Dépôt légal : mars 2019
Imprimé en Italie

Mise en pages : Sophie Boscardin

Éditions First, un département d'Édi8
12, avenue d'Italie
75013 Paris – France
Tél. : 01 44 16 09 00
Fax : 01 44 16 09 01
E-mail : firstinfo@efirst.com

Site internet : www.editionsfirst.fr

Table des matières

Introduction

Vous aimez Baudelaire, vous aimez Verlaine, vous adorez Rimbaud, vous idolâtrez Hugo, Lamartine vous tire des larmes, Nerval vous intrigue, Apollinaire irrigue vos petits déserts quotidiens, vous voici avec lui traversant en roulotte, un village endormi dans les vignes rhénanes et le soleil de mai. Plus loin, quelque forêt se dessine ; l'on y voit un homme cheminant près d'une amoureuse déesse, elle s'inquiète de sa détresse ; et cet homme égaré qui ne sait où il va, c'est le petit-fils d'un roi, prisonnier des Anglais pendant plus de vingt ans : Charles d'Orléans. Des arbres encore, la nuit, un petit faon perdu… Et sous la lune, avec Maurice Rollinat, depuis votre enfance et par cœur et parfois, la biche brame…

Mallarmé l'énigmatique, Vigny l'émouvant, Gautier l'impeccable, Villon le voyou, Lamartine le romantique… Vous les connaissez, oui, on vous en a parlé voilà… des ans et des ans ! Et depuis ? La vie, ce tamis à soucis qui vous secoue sans cesse, a considéré dans son voyage la poésie comme un excédent de bagage. Voilà pourquoi le Baudelaire d'Élévation, Verlaine et ses violons, le Hareng saur de Cros, le combat de Michaux, l'oiseau de Prévert, la biche qui brame, la rapsode de Corbière, le vin d'Apollinaire et les amis de Rutebeuf, les relire, vous n'avez pu. Ou, plus sûrement, jamais ou presque vous ne les avez lus !

Qu'importe puisque, en ce moment précieux où vous lisez ces lignes, vous voici revenu à l'orée de la beauté ! Exilez dans l'instant, hors de vos frontières, le tamis de vos soucis et tout son tintamarre. Qu'un silence d'azur s'installe en vous, un rien solennel, et que les pages les plus belles que voici, or et diamants de poésie, gagnent la place qui depuis longtemps, en vous, les attend. Ainsi disposées, au plus haut de vous-même, vous saurez où les retrouver dès que, le bagage des jours retrouvé, vous aurez besoin d'un refuge. Sûr et doux, cadencé, harmonieux et berceur, coloré, malin et charmeur, parfois plaintif, souvent rêveur, plein d'amour et de vie : la poésie.

Jean-Joseph Julaud

Comment ce petit livre est organisé

• Les poèmes que vous allez lire ne sont pas classés chronologiquement, mais se succèdent selon un choix qui privilégie la variété du ton, de l'inspiration et du style, afin que la promenade soit celle de toutes les bonnes surprises.

• Aux thèmes variés que vous allez découvrir (l'amour, la tendresse, le désir, la passion, l'humour, la nostalgie, le romantisme, etc.) s'ajoute, sous le titre « Cent poètes de naguère et d'aujourd'hui » un choix d'auteurs dont vous pourrez trouver les œuvres en bibliothèque ou librairie, avant de les adopter, peut-être pour la vie !

• Vous avez rendez-vous, dans la rubrique « De la fable » avec celui qui « se sert d'animaux pour instruire les hommes ». Rappelez-vous : « Un agneau se désaltérait/Dans le courant d'une onde pure… » ; désaltérez-vous en savourant les vers de la Fontaine, dégustez-les, imprégnez-vous-en, et, pourquoi pas, installez-les dans votre mémoire. Vous pourrez alors, en tout temps, délesté des écrans de servitude, vous raconter en vous promenant une petite histoire, celle de Perrette, du Laboureur et ses enfants, celle du Héron, des Deux Pigeons ou du Petit Poisson, du Souriceau, entre Chêne et Roseau…

• Enfin, dans la rubrique « Les poètes », vous pouvez situer le poète dans son siècle grâce au classement chronologique qui vous est proposé. Vous y découvrez aussi une courte notice biographique le concernant ainsi que la liste de ses œuvres principales.

DE L'AMOUR

•

Mon rêve familier

Je fais souvent ce rêve étrange et pénétrant
D'une femme inconnue, et que j'aime, et qui m'aime,
Et qui n'est, chaque fois, ni tout à fait la même
Ni tout à fait une autre, et m'aime et me comprend.

Car elle me comprend, et mon cœur, transparent
Pour elle seule, hélas ! cesse d'être un problème
Pour elle seule, et les moiteurs de mon front blême,
Elle seule les sait rafraîchir, en pleurant.

Est-elle brune, blonde ou rousse ? – Je l'ignore.
Son nom ? Je me souviens qu'il est doux et sonore
Comme ceux des aimés que la Vie exila.

Son regard est pareil au regard des statues,
Et, pour sa voix, lointaine, et calme, et grave, elle a
L'inflexion des voix chères qui se sont tues.

VERLAINE – *POÈMES SATURNIENS*, 1866

Apparition

La lune s'attristait. Des séraphins en pleurs
Rêvant, l'archet aux doigts, dans le calme des fleurs
Vaporeuses, tiraient de mourantes violes
De blancs sanglots glissant sur l'azur des corolles.
– C'était le jour béni de ton premier baiser.
Ma songerie aimant à me martyriser
S'enivrait savamment du parfum de tristesse
Que même sans regret et sans déboire laisse
La cueillaison d'un Rêve au cœur qui l'a cueilli.
J'errais donc, l'œil rivé sur le pavé vieilli
Quand avec du soleil aux cheveux, dans la rue
Et dans le soir, tu m'es en riant apparue
Et j'ai cru voir la fée au chapeau de clarté
Qui jadis sur mes beaux sommeils d'enfant gâté
Passait, laissant toujours de ses mains mal fermées
Neiger de blancs bouquets d'étoiles parfumées.

Stéphane Mallarmé – *Poésies*, 1887

Marie

Vous y dansiez petite fille
Y danserez-vous mère-grand
C'est la maclotte qui sautille
Toutes les cloches sonneront
Quand donc reviendrez-vous Marie

Les masques sont silencieux
Et la musique est si lointaine
Qu'elle semble venir des cieux
Oui je veux vous aimer mais vous aimer à peine
Et mon mal est délicieux

Les brebis s'en vont dans la neige
Flocons de laine et ceux d'argent
Des soldats passent et que n'ai-je
Un cœur à moi ce cœur changeant
Changeant et puis encor que sais-je

Sais-je où s'en iront tes cheveux
Crépus comme mer qui moutonne
Sais-je où s'en iront tes cheveux
Et tes mains feuilles de l'automne
Que jonchent aussi nos aveux

Je passais au bord de la Seine
Un livre ancien sous le bras
Le fleuve est pareil à ma peine
Il s'écoule et ne tarit pas
Quand donc finira la semaine

GUILLAUME APOLLINAIRE – *ALCOOLS*, 1913

Hélène

Je t'atteindrai Hélène
À travers les prairies
À travers les matins de gel et de lumière
Sous la peau des vergers
Dans la cage de pierre
Où ton épaule fait son nid

Tu es de tous les jours
L'inquiète la dormante
Sur mes yeux
Tes deux mains sont des barques errantes
À ce front transparent
On reconnaît l'été
Et lorsqu'il me suffit de savoir ton passé
Les herbes les gibiers les fleuves me répondent

Sans t'avoir jamais vue
Je t'appelais déjà
Chaque feuille en tombant
Me rappelait ton pas
La vague qui s'ouvrait
Recréait ton visage
Et tu étais l'auberge
Aux portes des villages

René Guy Cadou – *La Vie rêvée*, 1944

Chanson de Fortunio

Si vous croyez que je vais dire
Qui j'ose aimer,
Je ne saurais, pour un empire,
Vous la nommer.

Nous allons chanter à la ronde,
Si vous voulez,
Que je l'adore et qu'elle est blonde
Comme les blés.

Je fais ce que sa fantaisie
Veut m'ordonner,
Et je puis, s'il lui faut ma vie,
La lui donner.

Du mal qu'une amour ignorée
Nous fait souffrir,
J'en porte l'âme déchirée
Jusqu'à mourir.

Mais j'aime trop pour que je die
Qui j'ose aimer,
Et je veux mourir pour ma mie
Sans la nommer.

Alfred de Musset – *Poésies nouvelles*, 1836

Et la mer et l'amour…

Et la mer et l'amour ont l'amer pour partage,
Et la mer est amère, et l'amour est amer,
L'on s'abîme en l'amour aussi bien qu'en la mer,
Car la mer et l'amour ne sont point sans orage.

Celui qui craint les eaux, qu'il demeure au rivage,
Celui qui craint les maux qu'on souffre pour aimer,
Qu'il ne se laisse pas à l'amour enflammer,
Et tous deux ils seront sans hasard de naufrage.

La mère de l'amour eut la mer pour berceau,
Le feu sort de l'amour, sa mère sort de l'eau,
Mais l'eau contre ce feu ne peut fournir des armes.

Si l'eau pouvait éteindre un brasier amoureux,
Ton amour qui me brûle est si fort douloureux,
Que j'eusse éteint son feu de la mer de mes larmes.

PIERRE DE MARBEUF – *POÉSIES*, 1620

La courbe de tes yeux

La courbe de tes yeux fait le tour de mon cœur,
Un rond de danse et de douceur,
Auréole du temps, berceau nocturne et sûr,
Et si je ne sais plus tout ce que j'ai vécu
C'est que tes yeux ne m'ont pas toujours vu.

Feuilles de jour et mousse de rosée,
Roseaux du vent, sourires parfumés,
Ailes couvrant le monde de lumière,
Bateaux chargés du ciel et de la mer,
Chasseurs des bruits et sources des couleurs,

Parfums éclos d'une couvée d'aurores
Qui gît toujours sur la paille des astres,
Comme le jour dépend de l'innocence
Le monde entier dépend de tes yeux purs
Et tout mon sang coule dans leurs regards.

PAUL ÉLUARD – *CAPITALE DE LA DOULEUR*, 1926

Sonnet à Marie

Je vous envoie un bouquet que ma main
Vient de trier de ces fleurs épanies*,
Qui ne les eût à ce vêpre cueillies,
Chutes à terre elles fussent demain.

Cela vous soit un exemple certain
Que vos beautés, bien qu'elles soient fleuries,
En peu de temps cherront toutes flétries,
Et comme fleurs, périront tout soudain.

Le temps s'en va, le temps s'en va, ma Dame,
Las ! le temps non, mais nous nous en allons,
Et tôt serons étendus sous la lame,

Et des amours desquelles nous parlons,
Quand serons morts, n'en sera plus nouvelle :
Pour ce aimez-moi, cependant qu'êtes belle.

RONSARD – *CONTINUATION DES AMOURS*, 1555

---

* épanouies

Je t'adore…

Je t'adore à l'égal de la voûte nocturne,
Ô vase de tristesse, ô grande taciturne,
Et t'aime d'autant plus, belle, que tu me fuis,
Et que tu me parais, ornement de mes nuits,
Plus ironiquement accumuler les lieues
Qui séparent mes bras des immensités bleues.

Je m'avance à l'attaque, et je grimpe aux assauts,
Comme après un cadavre un chœur de vermisseaux,
Et je chéris, ô bête implacable et cruelle!
Jusqu'à cette froideur par où tu m'es plus belle!

BAUDELAIRE – *LES FLEURS DU MAL*, 1857

Se voir le plus possible…

Se voir le plus possible et s'aimer seulement,
Sans ruse et sans détours, sans honte ni mensonge,
Sans qu'un désir nous trompe, ou qu'un remords
[nous ronge,
Vivre à deux et donner son cœur à tout moment ;

Respecter sa pensée aussi loin qu'on y plonge,
Faire de son amour un jour au lieu d'un songe,
Et dans cette clarté respirer librement –
Ainsi respirait Laure et chantait son amant.

Vous dont chaque pas touche à la grâce suprême,
C'est vous, la tête en fleurs, qu'on croirait sans souci,
C'est vous qui me disiez qu'il faut aimer ainsi.

Et c'est moi, vieil enfant du doute et du blasphème,
Qui vous écoute, et pense, et vous réponds ceci :
Oui, l'on vit autrement, mais c'est ainsi qu'on aime.

Alfred de Musset – *Poésies nouvelles*, 1836

Je sais…

Je sais que tu m'as inventée
Que je suis née de ton regard
Toi qui donnais lumière aux arbres
Mais depuis que tu m'as quittée
Pour un sommeil qui te dévore
Je m'applique à te redonner
Dans le nid tremblant de mes mains
Une part de jour assez douce
Pour t'obliger à vivre encore

Hélène Cadou – *Le Bonheur du jour,*
Cantates des nuits intérieures, 2012,
éditions Bruno Doucey

DE LA TENDRESSE

•

La Lune blanche

La lune blanche
Luit dans les bois ;
De chaque branche
Part une voix
Sous la ramée…

Ô bien-aimée.

L'étang reflète,
Profond miroir,
La silhouette
Du saule noir
Où le vent pleure…

Rêvons, c'est l'heure.

Un vaste et tendre
Apaisement
Semble descendre
Du firmament
Que l'astre irise…
C'est l'heure exquise.

PAUL VERLAINE – *LA BONNE CHANSON*, 1870

Sonnet

Ô si chère de loin et proche et blanche, si
Délicieusement toi, Méry, que je songe
À quelque baume rare émané par mensonge
Sur aucun bouquetier de cristal obscurci.

Le sais-tu, oui ! pour moi voici des ans, voici
Toujours que ton sourire éblouissant prolonge
La même rose avec son bel été qui plonge
Dans autrefois et puis dans le futur aussi.

Mon cœur qui dans les nuits parfois cherche à
[s'entendre
Ou de quel dernier mot t'appeler le plus tendre
S'exalte en celui rien que chuchoté de Sœur

N'était, très grand trésor et tête si petite,
Que tu m'enseignes bien toute une autre douceur
Tout bas par le baiser seul dans tes cheveux dite.

Stéphane Mallarmé – *Poésies*, 1887

Green

Voici des fruits, des fleurs, des feuilles et des branches
Et puis voici mon cœur qui ne bat que pour vous.
Ne le déchirez pas avec vos deux mains blanches
Et qu'à vos yeux si beaux l'humble présent soit doux.

J'arrive tout couvert encore de rosée
Que le vent du matin vient glacer à mon front.
Souffrez que ma fatigue à vos pieds reposée
Rêve des chers instants qui la délasseront.

Sur votre jeune sein laissez rouler ma tête
Toute sonore encor de vos derniers baisers ;
Laissez-la s'apaiser de la bonne tempête,
Et que je dorme un peu puisque vous reposez.

Paul Verlaine – *Romances sans paroles*, 1874

Cors de chasse

Notre histoire est noble et tragique
Comme le masque d'un tyran
Nul drame hasardeux ou magique
Aucun détail indifférent
Ne rend notre amour pathétique

Et Thomas de Quincey buvant
L'opium poison doux et chaste
À sa pauvre Anne allait rêvant
Passons passons puisque tout passe
Je me retournerai souvent

Les souvenirs sont cors de chasse
Dont meurt le bruit parmi le vent

Guillaume Apollinaire – *Alcools*, 1913

De sa grande amie

Dedans Paris, Ville jolie,
Un jour passant mélancolie
Je pris alliance nouvelle
À la plus gaie damoiselle
Qui soit d'ici en Italie.

D'honnêteté elle est saisie,
Et crois selon ma fantaisie
Qu'il n'en est guère de plus belle
Dedans Paris.

Je ne la vous nommerai mie
Sinon que c'est ma grand amie,
Car l'alliance se fit telle,
Par un doux baiser que j'eus d'elle,
Sans penser aucune infamie,
Dedans Paris.

Clément Marot – *L'Adolescence clémentine*, 1532

Les paroles de l'amour

Toute ma vie et c'est bien peu si l'on regarde
Avec des yeux d'avant la Terre la lucarne
Où s'égosille un ciel de crin qui n'en peut plus
D'être beau de travers et de porter ombrage
Au plus dévoué au plus sincère des visages
Toute ma vie pour te comprendre et pour t'aimer
Comme on se couche à la renverse dans les blés
En essayant de retrouver dans le silence
L'alphabet maladroit d'un vieux livre d'enfance
Je m'entoure de toi comme un enfant frileux
Je pars je suis en route depuis des siècles je
T'arrive un matin beau comme un matin de chasse
Tu ne sais pas que je suis là et je me place
Tout contre toi comme une porte mal fermée
Qui boit son lait et qui respire doucement
Je te regarde et tu souris sans mouvement
D'un sourire venu de plus loin que toi-même
Qui fait que tu es belle et qui fait que je t'aime.

René Guy Cadou – *L'Aventure n'attend pas le destin*, 1948

La rapidité des nuages

Le lit, la vitre auprès, la vallée, le ciel,
La magnifique rapidité de ces nuages,
La griffe de la pluie sur la vitre, soudain,
Comme si le néant paraphait le monde.

Dans mon rêve d'hier,
Le grain d'autres années brûlait par flammes courtes
Sur le sol carrelé mais sans chaleur.
Nos pieds nus l'écartaient comme une eau limpide.

Ô mon amie,
Comme était faible la distance entre nos corps !
La lame de l'épée du temps qui rôde
Y eût cherché en vain le lieu pour vaincre.

Yves Bonnefoy – *Ce qui fut sans lumière*, 1987

L'espoir luit…

L'espoir luit comme un brin de paille dans l'étable.
Que crains-tu de la guêpe ivre de son vol fou ?
Vois, le soleil toujours poudroie à quelque trou.
Que ne t'endormais-tu, le coude sur la table ?

Pauvre âme pâle, au moins cette eau du puits glacé,
Bois-la. Puis dors après. Allons, tu vois, je reste,
Et je dorloterai les rêves de ta sieste,
Et tu chantonneras comme un enfant bercé.

Midi sonne. De grâce, éloignez-vous, madame.
Il dort. C'est étonnant comme les pas de femme
Résonnent au cerveau des pauvres malheureux.

Midi sonne. J'ai fait arroser dans la chambre.
Va, dors ! L'espoir luit comme un caillou dans un creux.
Ah ! quand refleuriront les roses de septembre !

PAUL VERLAINE – *SAGESSE*, 1881

La veillée

J'avais signalé ma tendresse;
L'Amour applaudissait; j'étais égal aux dieux.
Accablé de langueurs, de fatigue et d'ivresse:
Entre les bras de ma maîtresse
Le doux sommeil avait fermé mes yeux.
Elle qui n'est plus écolière
Dans l'art qu'elle a, sous moi, naguère commencé,
De sa bouche amoureuse entrouvrit ma paupière,
Et d'un son de voix doux à l'oreille adressé:
« Tu dors, paresseux, me dit-elle?
Regarde, il n'est pas encor jour.
Tu dors à l'heure la plus belle
Que le cercle des nuits ramène pour l'amour.
Laissons, laissons la diligente aurore
S'arracher, sans pitié, du lit de son amant;
Jouissons, nous mortels, profitons du moment:
Qui sait, hélas! demain si nous serons encore!
Viens, je brûle, écartons ces voiles indiscrets!
Prends-moi: contre ton sein que je meure enchaînée
Recommençons nos jeux; invoquons Dionée:
Veillons, tu dormiras après,
Si tu veux, toute la journée. »

ANTOINE DE BERTIN – *LES AMOURS*, LIVRE III, ÉLÉGIE IV, 1773

DU DÉSIR

•

Fantaisie

Il est un air pour qui je donnerais
Tout Rossini, tout Mozart et tout Weber ;
Un air très vieux, languissant et funèbre,
Qui pour moi seul a des charmes secrets.

Or, chaque fois que je viens à l'entendre,
De deux cents ans mon âme rajeunit :
C'est sous Louis treize… Et je crois voir s'étendre
Un coteau vert que le couchant jaunit,

Puis un château de brique à coins de pierre,
Aux vitraux teints de rougeâtres couleurs,
Ceint de grands parcs, avec une rivière
Baignant ses pieds, qui coule entre les fleurs.

Puis une dame, à sa haute fenêtre,
Blonde aux yeux noirs, en ses habits anciens…
Que, dans une autre existence peut-être,
J'ai déjà vue ! – et dont je me souviens !

Gérard de Nerval – *Odelettes*, 1853

La Belle endormie

Vous faites trop de bruit, Zéphire, taisez-vous,
Pour ne pas éveiller la belle qui repose ;
Ruisseau qui murmurez, évitez les cailloux,
Et si le vent se tait, faites la même chose.

Mon cœur, sans respirer, regardons à genoux
Sa bouche de coral, qui n'est qu'à demi close,
Dont l'haleine innocente est un parfum plus doux
Que l'esprit de Jasmin, de Musc, d'Ambre et de Rose.

Ah que ces yeux fermés ont encor d'agrément !
Que ce sein demi-nu s'élève doucement !
Que ce bras négligé nous découvre de charmes !

Ô Dieux elle s'éveille, et l'Amour irrité
Qui dormait auprès d'elle, a déjà pris ses armes,
Pour punir mon audace et ma témérité.

SCUDÉRY – *POÉSIES DIVERSES*, 1661

Baise m'encor…

Baise m'encor, rebaise moy et baise :
Donne m'en un de tes plus savoureus,
Donne m'en un de tes plus amoureus :
Je t'en rendrai quatre plus chaus que braise.

Las, te pleins tu ? ça que ce mal j'apaise,
En t'en donnant dix autres doucereus.
Ainsi meslans nos baisers tant heureus
Jouissons nous l'un de l'autre à notre aise.

Lors double vie à chacun en suivra.
Chacun en soy et son ami vivra.
Permets m'Amour penser quelque folie :

Tousjours suis mal, vivant discrettement,
Et ne me puis donner contentement,
Si hors de moy ne fay quelque saillie.

Louise Labé – *Œuvres*, 1555

Les pas

Tes pas, enfants de mon silence,
Saintement, lentement placés,
Vers le lit de ma vigilance
Procèdent muets et glacés.

Personne pure, ombre divine,
Qu'ils sont doux, tes pas retenus !
Dieux !... tous les dons que je devine
Viennent à moi sur ces pieds nus !

Si, de tes lèvres avancées,
Tu prépares pour l'apaiser,
À l'habitant de mes pensées
La nourriture d'un baiser,

Ne hâte pas cet acte tendre,
Douceur d'être et de n'être pas,
Car j'ai vécu de vous attendre,
Et mon cœur n'était que vos pas.

PAUL VALÉRY – *CHARMES*, 1922

L'Invitation au voyage

Mon enfant, ma sœur,
Songe à la douceur
D'aller là-bas vivre ensemble !
Aimer à loisir,
Aimer et mourir
Au pays qui te ressemble !
Les soleils mouillés
De ces ciels brouillés
Pour mon esprit ont les charmes
Si mystérieux
De tes traîtres yeux,
Brillant à travers leurs larmes.

Là, tout n'est qu'ordre et beauté,
Luxe, calme et volupté.

Des meubles luisants,
Polis par les ans,
Décoreraient notre chambre ;
Les plus rares fleurs
Mêlant leurs odeurs
Aux vagues senteurs de l'ambre,
Les riches plafonds,
Les miroirs profonds,

La splendeur orientale,
Tout y parlerait
À l'âme en secret
Sa douce langue natale.

Là, tout n'est qu'ordre et beauté,
Luxe, calme et volupté.

Vois sur ces canaux
Dormir ces vaisseaux
Dont l'humeur est vagabonde ;
C'est pour assouvir
Ton moindre désir
Qu'ils viennent du bout du monde.
– Les soleils couchants
Revêtent les champs,
Les canaux, la ville entière,
D'hyacinthe et d'or ;
Le monde s'endort
Dans une chaude lumière.

Là, tout n'est qu'ordre et beauté,
Luxe, calme et volupté.

CHARLES BAUDELAIRE – *LES FLEURS DU MAL*, 1857

Sensation

Par les soirs bleus d'été, j'irai dans les sentiers,
Picoté par les blés, fouler l'herbe menue :
Rêveur, j'en sentirai la fraîcheur à mes pieds.
Je laisserai le vent baigner ma tête nue.

Je ne parlerai pas, je ne penserai rien :
Mais l'amour infini me montera dans l'âme,
Et j'irai loin, bien loin, comme un bohémien,
Par la Nature – heureux comme avec une femme.

ARTHUR RIMBAUD – *POÉSIES*, 1868-1870

Je t'attendais

Je t'attendais ainsi qu'on attend les navires
Dans les années de sécheresse quand le blé
Ne monte pas plus haut qu'une oreille dans l'herbe
Qui écoute apeurée la grande voix du temps

Je t'attendais et tous les quais toutes les routes
Ont retenti du pas brûlant qui s'en allait
Vers toi que je portais déjà sur mes épaules
Comme une douce pluie qui ne sèche jamais

Tu ne remuais encor que par quelques paupières
Quelques pattes d'oiseaux dans les vitres gelées
Je ne voyais en toi que cette solitude
Qui posait ses deux mains de feuille sur mon cou

Et pourtant c'était toi dans le clair de ma vie
Ce grand tapage matinal qui m'éveillait
Tous mes oiseaux tous mes vaisseaux tous mes pays
Ces astres ces millions d'astres qui se levaient

Ah que tu parlais bien quand toutes les fenêtres
Pétillaient dans le soir ainsi qu'un vin nouveau
Quand les portes s'ouvraient sur des villes légères
Où nous allions tous deux enlacés par les rues

Tu venais de si loin derrière ton visage
Que je ne savais plus à chaque battement
Si mon cœur durerait jusqu'au temps de toi-même
Où tu serais en moi plus forte que mon sang.

René Guy Cadou – *Quatre poèmes d'amour à Hélène*, 1945

Femme noire

Femme nue, femme noire
Vêtue de ta couleur qui est vie, de ta forme qui est
[beauté!
J'ai grandi à ton ombre; la douceur de tes mains
[bandait mes yeux.
Et voilà qu'au cœur de l'Été et de Midi, je te découvre,
Terre promise, du haut d'un haut col calciné
Et ta beauté me foudroie en plein cœur, comme
[l'éclair d'un aigle.

Femme nue, femme obscure
Fruit mûr à la chair ferme, sombres extases du vin
[noir, bouche qui fais lyrique ma bouche
Savane aux horizons purs, savane qui frémis
[aux caresses ferventes du Vent d'Est
Tam-tam sculpté, tam-tam tendu qui gronde sous
[les doigts du vainqueur
Ta voix grave de contralto est le chant spirituel
[de l'Aimée.

Femme nue, femme obscure
Huile que ne ride nul souffle, huile calme aux flancs
[de l'athlète, aux flancs des princes du Mali
Gazelle aux attaches célestes, les perles sont étoiles
[sur la nuit de ta peau
Délices des jeux de l'esprit, les reflets de l'or rouge
[sur ta peau qui se moire
À l'ombre de ta chevelure, s'éclaire mon angoisse
[aux soleils prochains de tes yeux.

Femme nue, femme noire
Je chante ta beauté qui passe, forme que je fixe
[dans l'Éternel
Avant que le Destin jaloux ne te réduise en cendres
[pour nourrir les racines de la vie.

LÉOPOLD SÉDAR SENGHOR – *ŒUVRE POÉTIQUE*, 1990

Sieste éternelle

Le blanc soleil de juin amollit les trottoirs.
Sur mon lit, seul, prostré comme en ma sépulture
(Close de rideaux blancs, œuvre d'une main pure),
Je râle doucement aux extases des soirs.

Un relent énervant expire d'un mouchoir
Et promène sur mes lèvres sa chevelure
Et comme un piano voisin rêve en mesure,
Je tournoie au concert rythmé des encensoirs.

Tout est un songe. Oh! viens, corps soyeux que j'adore,
Fondons-nous, et sans but, plus oublieux encore;
Et tiédis longuement ainsi mes yeux fermés.

Depuis l'éternité, croyez-le bien, Madame,
L'Archet qui sur nos nerfs pince ses tristes gammes
Appelait pour ce jour nos atomes charmés.

Jules Laforgue – *Les Complaintes*, 1885

Excité d'un désir curieux…

…Excité d'un désir curieux,
Cette nuit je l'ai vue arriver en ces lieux,
Triste, levant au ciel ses yeux mouillés de larmes,
Qui brillaient au travers des flambeaux et des armes,
Belle, sans ornement, dans le simple appareil
D'une beauté qu'on vient d'arracher au sommeil.
Que veux-tu ? Je ne sais si cette négligence,
Les ombres, les flambeaux, les cris et le silence,
Et le farouche aspect de ses fiers ravisseurs,
Relevaient de ses yeux les timides douceurs.
Quoi qu'il en soit, ravi d'une si belle vue,
J'ai voulu lui parler, et ma voix s'est perdue :
Immobile, saisi d'un long étonnement,
Je l'ai laissée passer dans son appartement.
J'ai passé dans le mien. C'est là que solitaire,
De son image en vain j'ai voulu me distraire.
Trop présente à mes yeux, je croyais lui parler,
J'aimais jusqu'à ses pleurs que je faisais couler.
Quelquefois, mais trop tard, je lui demandais grâce ;
J'employais les soupirs, et même la menace.
Voilà comme, occupé de mon nouvel amour,
Mes yeux sans se fermer, ont attendu le jour.

RACINE – *BRITANNICUS*, ACTE II, SCÈNE II, 1669

DE LA PASSION

•

Les yeux d'Elsa

Tes yeux sont si profonds qu'en me penchant pour
[boire
J'ai vu tous les soleils y venir se mirer
S'y jeter à mourir tous les désespérés
Tes yeux sont si profonds que j'y perds la mémoire

À l'ombre des oiseaux c'est l'océan troublé
Puis le beau temps soudain se lève et tes yeux changent
L'été taille la nue au tablier des anges
Le ciel n'est jamais bleu comme il l'est sur les blés

Les vents chassent en vain les chagrins de l'azur
Tes yeux plus clairs que lui lorsqu'une larme y luit
Tes yeux rendent jaloux le ciel d'après la pluie
Le verre n'est jamais si bleu qu'à sa brisure

Mère des Sept douleurs ô lumière mouillée
Sept glaives ont percé le prisme des couleurs
Le jour est plus poignant qui point entre les pleurs
L'iris troué de noir plus bleu d'être endeuillé

Tes yeux dans le malheur ouvrent la double brèche
Par où se reproduit le miracle des Rois
Lorsque le cœur battant ils virent tous les trois
Le manteau de Marie accroché dans la crèche

Une boucle suffit au mois de Mai des mots
Pour toutes les chansons et pour tous les hélas
Trop peu d'un firmament pour des millions d'astres
Il leur fallait tes yeux et leurs secrets gémeaux

L'enfant accaparé par les belles images
Écarquille les siens moins démesurément
Quand tu fais les grands yeux je ne sais si tu mens
On dirait que l'averse ouvre des fleurs sauvages

Cachent-ils des éclairs dans cette lavande où
Des insectes défont leurs amours violentes
Je suis pris au filet des étoiles filantes
Comme un marin qui meurt en mer en plein mois
[d'août

J'ai retiré ce radium de la pechblende
Et j'ai brûlé mes doigts à ce feu défendu
Ô paradis cent fois retrouvé reperdu
Tes yeux sont mon Pérou ma Golconde mes Indes

Il advint qu'un beau soir l'univers se brisa
Sur des récifs que les naufrageurs enflammèrent
Moi je voyais briller au-dessus de la mer
Les yeux d'Elsa les yeux d'Elsa les yeux d'Elsa

LOUIS ARAGON – *LES YEUX D'ELSA*, 1942

Mon âme a son secret…

Mon âme a son secret, ma vie a son mystère;
Un amour éternel en un moment conçu:
Le mal est sans espoir, aussi j'ai dû le taire,
Et celle qui l'a fait n'en a jamais rien su.

Hélas! j'aurai passé près d'elle inaperçu,
Toujours à ses côtés, et pourtant solitaire,
Et j'aurai jusqu'au bout fait mon temps sur la terre,
N'osant rien demander et n'ayant rien reçu.

Pour elle, quoique Dieu l'ait faite douce et tendre,
Elle ira son chemin, distraite, et sans entendre
Ce murmure d'amour élevé sur ses pas.

À l'austère devoir, pieusement fidèle,
Elle dira, lisant ces vers tout remplis d'elle
« Quelle est donc cette femme ? » et ne comprendra pas.

Félix Arvers – *Mes heures perdues*, 1833

Je t'aime, je suis fou…

Je t'aime, je suis fou, je n'en peux plus, c'est trop ;
Ton nom est dans mon cœur comme dans un grelot,
Et comme tout le temps, Roxane, je frissonne,
Tout le temps, le grelot s'agite, et le nom sonne !
De toi, je me souviens de tout, j'ai tout aimé
Je sais que l'an dernier, un jour, le douze mai,
Pour sortir le matin tu changeas de coiffure !
J'ai tellement pris pour clarté ta chevelure
Que, comme lorsqu'on a trop fixé le soleil,
On voit sur toute chose ensuite un rond vermeil,
Sur tout, quand j'ai quitté les feux dont tu m'inondes,
Mon regard ébloui pose des taches blondes !

Edmond Rostand – *Cyrano de Bergerac*, scène VII, 1897

La Mort des amants

Nous aurons des lits pleins d'odeurs légères,
Des divans profonds comme des tombeaux,
Et d'étranges fleurs sur des étagères,
Écloses pour nous sous des cieux plus beaux.

Usant à l'envi leurs chaleurs dernières,
Nos deux cœurs seront deux vastes flambeaux,
Qui réfléchiront leurs doubles lumières
Dans nos deux esprits, ces miroirs jumeaux.

Un soir fait de rose et de bleu mystique,
Nous échangerons un éclair unique,
Comme un long sanglot, tout chargé d'adieux;

Et plus tard un Ange, entrouvrant les portes,
Viendra ranimer, fidèle et joyeux,
Les miroirs ternis et les flammes mortes.

Charles Baudelaire – *Les Fleurs du Mal*, 1857

Antoine et Cléopâtre

Tous deux ils regardaient, de la haute terrasse,
L'Égypte s'endormir sous un ciel étouffant
Et le Fleuve, à travers le Delta noir qu'il fend,
Vers Bubaste ou Saïs rouler son onde grasse.

Et le Romain sentait sous la lourde cuirasse,
Soldat captif berçant le sommeil d'un enfant,
Ployer et défaillir sur son cœur triomphant
Le corps voluptueux que son étreinte embrasse.

Tournant sa tête pâle entre ses cheveux bruns
Vers celui qu'enivraient d'invincibles parfums,
Elle tendit sa bouche et ses prunelles claires ;

Et sur elle courbé, l'ardent Imperator
Vit dans ses larges yeux étoilés de points d'or
Toute une mer immense où fuyaient des galères.

José Maria de Heredia – *Les Trophées*, 1893

Je vis, je meurs…

Je vis, je meurs : je me brûle et me noie,
J'ai chaud extrême en endurant froidure :
La vie m'est et trop molle et trop dure.
J'ai grands ennuis entremêlés de joie.

Tout à un coup je ris et je larmoie,
Et en plaisir maint grief tourment j'endure,
Mon bien s'en va, et à jamais il dure,
Tout en un coup je sèche et je verdoie.

Ainsi Amour inconstamment me mène,
Et quand je pense avoir plus de douleur,
Sans y penser je me trouve hors de peine.

Puis, quand je crois ma joie être certaine,
Et être au haut de mon désiré heur,
Il me remet en mon premier malheur.

Louise Labé – *Œuvres*, 1555

Hermione

Je ne t'ai point aimé, cruel ? Qu'ai-je donc fait ?
J'ai dédaigné pour toi les vœux de tous nos princes,
Je t'ai cherché moi-même au fond de tes provinces ;
J'y suis encor, malgré tes infidélités,
Et malgré tous mes Grecs honteux de mes bontés.
Je leur ai commandé de cacher mon injure ;
J'attendais en secret le retour d'un parjure ;
J'ai cru que tôt ou tard, à ton devoir rendu,
Tu me rapporterais un cœur qui m'était dû.
Je t'aimais inconstant ; qu'aurais-je fait fidèle ?
Et même en ce moment où ta bouche cruelle
Vient si tranquillement m'annoncer le trépas,
Ingrat, je doute encor si je ne t'aime pas.
Mais, Seigneur, s'il le faut, si le Ciel en colère
Réserve à d'autres yeux la gloire de vous plaire,
Achevez votre hymen, j'y consens. Mais du moins
Ne forcez pas mes yeux d'en être les témoins.
Pour la dernière fois je vous parle peut-être :
Différez-le d'un jour ; demain vous serez maître.
Vous ne répondez point ? Perfide, je le vois,
Tu comptes les moments que tu perds avec moi !
Ton cœur, impatient de revoir ta Troyenne,
Ne souffre qu'à regret qu'un autre t'entretienne.

Tu lui parles du cœur, tu la cherches des yeux.
Je ne te retiens plus, sauve-toi de ces lieux :
Va lui jurer la foi que tu m'avais jurée, Va profaner des Dieux la majesté sacrée.
Ces Dieux, ces justes Dieux n'auront pas oublié
Que les mêmes serments avec moi t'ont lié.
Porte aux pieds des autels ce cœur qui m'abandonne ;
Va, cours. Mais crains encor d'y trouver Hermione.

Jean Racine – *Andromaque*, acte IV, scène V, 1667

Ni vous sans moi

D'eux deux il en fut ainsi
Comme il en est du chèvrefeuille
Qui au coudrier se prend :
Quand il s'est enlacé et pris
Et tout autour du fût s'est mis,
Ensemble ils peuvent bien durer ;
Qui les veut ensuite désunir
Fait tôt le coudrier mourir
Et le chèvrefeuille avec lui.
– Belle amie, ainsi est de nous :
Ni vous sans moi, ni moi sans vous.

Marie de France – *Œuvres*, XIIe siècle

DE L'ÉMOTION

•

Demain, dès l'aube…

Demain, dès l'aube, à l'heure où blanchit la campagne,
Je partirai. Vois-tu, je sais que tu m'attends.
J'irai par la forêt, j'irai par la montagne.
Je ne puis demeurer loin de toi plus longtemps.

Je marcherai les yeux fixés sur mes pensées,
Sans rien voir au dehors, sans entendre aucun bruit,
Seul, inconnu, le dos courbé, les mains croisées,
Triste, et le jour pour moi sera comme la nuit.

Je ne regarderai ni l'or du soir qui tombe,
Ni les voiles au loin descendant vers Harfleur,
Et, quand j'arriverai, je mettrai sur ta tombe,
Un bouquet de houx vert et de bruyère en fleur.

VICTOR HUGO – (ÉCRIT LE 3 SEPTEMBRE 1847)
LES CONTEMPLATIONS, 1856

Le Dormeur du val

C'est un trou de verdure où chante une rivière
Accrochant follement aux herbes des haillons
D'argent ; où le soleil, de la montagne fière,
Luit : c'est un petit val qui mousse de rayons.

Un soldat jeune, bouche ouverte, tête nue,
Et la nuque baignant dans le frais cresson bleu,
Dort ; il est étendu dans l'herbe, sous la nue,
Pâle dans son lit vert où la lumière pleut.

Les pieds dans les glaïeuls, il dort. Souriant comme
Sourirait un enfant malade, il fait un somme :
Nature, berce-le chaudement : il a froid.

Les parfums ne font pas frissonner sa narine ;
Il dort dans le soleil, la main sur sa poitrine
Tranquille. Il a deux trous rouges au côté droit.

ARTHUR RIMBAUD – *POÉSIES*, 1868-1870

La Jeune Tarentine

Pleurez, doux alcyons, ô vous, oiseaux sacrés,
Oiseaux chers à Thétis, doux alcyons, pleurez.
Elle a vécu, Myrto, la jeune Tarentine.
Un vaisseau la portait aux bords de Camarine.
Là l'hymen, les chansons, les flûtes, lentement,
Devaient la reconduire au seuil de son amant.
Une clé vigilante a pour cette journée
Dans le cèdre enfermé sa robe d'hyménée
Et l'or dont au festin ses bras seraient parés
Et pour ses blonds cheveux les parfums préparés.
Mais, seule sur la proue, invoquant les étoiles,
Le vent impétueux qui soufflait dans les voiles
L'enveloppe. Étonnée, et loin des matelots,
Elle crie, elle tombe, elle est au sein des flots.
Elle est au sein des flots, la jeune Tarentine.
Son beau corps a roulé sous la vague marine.
Thétis, les yeux en pleurs, dans le creux d'un rocher
Aux monstres dévorants eut soin de le cacher.
Par ses ordres bientôt les belles Néréides
L'élèvent au-dessus des demeures humides,
Le portent au rivage, et dans ce monument
L'ont, au cap du Zéphir, déposé mollement.
Puis de loin à grands cris appelant leurs compagnes,

Et les Nymphes des bois, des sources, des montagnes,
Toutes frappant leur sein, et traînant un long deuil,
Répétèrent : « Hélas ! » autour de son cercueil.
Hélas ! chez ton amant tu n'es point ramenée.
Tu n'as point revêtu ta robe d'hyménée.
L'or autour de tes bras n'a point serré de nœuds.
Les doux parfums n'ont point coulé sur tes cheveux.

André Chénier – *Les Bucoliques*, 1785-1787

La Musique

La musique souvent me prend comme une mer !
Vers ma pâle étoile,
Sous un plafond de brume ou dans un vaste éther,
Je mets à la voile ;

La poitrine en avant et les poumons gonflés
Comme de la toile,
J'escalade le dos des flots amoncelés
Que la nuit me voile ;

Je sens vibrer en moi toutes les passions
D'un vaisseau qui souffre ;
Le bon vent, la tempête et ses convulsions

Sur l'immense gouffre
Me bercent. D'autres fois, calme plat, grand miroir
De mon désespoir !

Charles Baudelaire – *Les Fleurs du Mal*, 1857

Les Oiseaux

Le soir, au coin du feu, j'ai pensé bien des fois
À la mort d'un oiseau, quelque part, dans les bois.
Pendant les tristes jours de l'hiver monotone,
Les pauvres nids déserts, les nids qu'on abandonne,
Se balancent au vent sur un ciel gris de fer.
Oh ! comme les oiseaux doivent mourir l'hiver !
Pourtant, lorsque viendra le temps des violettes,
Nous ne trouverons pas leurs délicats squelettes
Dans le gazon d'avril, où nous irons courir.
Est-ce que les oiseaux se cachent pour mourir ?

François Coppée – *Promenades et Intérieurs*, 1875

La Jeune Captive

« L'épi naissant mûrit de la faux respecté ;
Sans crainte du pressoir, le pampre tout l'été
Boit les doux présents de l'aurore ;
Et moi, comme lui belle, et jeune comme lui,
Quoi que l'heure présente ait de trouble et d'ennui,
Je ne veux point mourir encore.

Qu'un stoïque aux yeux secs vole embrasser la mort,
Moi je pleure et j'espère ; au noir souffle du nord
Je plie et relève ma tête.
S'il est des jours amers, il en est de si doux !
Hélas ! quel miel jamais n'a laissé de dégoûts ?
Quelle mer n'a point de tempête ?

L'illusion féconde habite dans mon sein.
D'une prison sur moi les murs pèsent en vain,
J'ai les ailes de l'espérance.
Échappée aux réseaux de l'oiseleur cruel,
Plus vive, plus heureuse, aux campagnes du ciel
Philomène chante et s'élance.

Est-ce à moi de mourir ? Tranquille je m'endors
Et tranquille je veille ; et ma veille aux remords
Ni mon sommeil ne sont en proie.
Ma bienvenue au jour me rit dans tous les yeux ;
Sur des fronts abattus, mon aspect dans ces lieux
Ranime presque de la joie.

Mon beau voyage encore est si loin de sa fin !
Je pars, et des ormeaux qui bordent le chemin
J'ai passé les premiers à peine,
Au banquet de la vie à peine commencé,
Un instant seulement mes lèvres ont pressé
La coupe en mes mains encor pleine.

Je ne suis qu'au printemps, je veux voir la moisson,
Et comme le soleil, de saison en saison,
Je veux achever mon année.
Brillante sur ma tige et l'honneur du jardin,
Je n'ai vu luire encor que les feux du matin ;
Je veux achever ma journée.

Ô mort ! tu peux attendre ; éloigne, éloigne-toi ;
Va consoler les cœurs que la honte, l'effroi,
Le pâle désespoir dévore.
Pour moi Palès encore a des asiles verts,
Les Amours des baisers, les Muses des concerts.
Je ne veux point mourir encore. »

Ainsi, triste et captif, ma lyre toutefois
S'éveillait, écoutant ces plaintes, cette voix,
Ces vœux d'une jeune captive ;
Et secouant le faix de mes jours languissants,
Aux douces lois des vers je pliai les accents
De sa bouche aimable et naïve.

Ces chants, de ma prison témoins harmonieux,
Feront à quelque amant des loisirs studieux
Chercher quelle fut cette belle.
La grâce décorait son front et ses discours,
Et comme elle craindront de voir finir leurs jours
Ceux qui les passeront près d'elle.

André Chénier – *Dernières poésies,*
écrites avant son exécution le 25 juillet 1794.

Consolation à Monsieur Du Périer…

Ta douleur, Du Périer, sera donc éternelle,
Et les tristes discours
Que te met en l'esprit l'amitié paternelle
L'augmenteront toujours ?

Le malheur de ta fille au tombeau descendue
Par un commun trépas,
Est-ce quelque dédale où ta raison perdue
Ne se retrouve pas ?

Je sais de quels appas son enfance était pleine,
Et n'ai pas entrepris,
Injurieux ami, de soulager ta peine
Avecque son mépris.

Mais elle était du monde, où les plus belles choses
Ont le pire destin,
Et rose elle a vécu ce que vivent les roses,
L'espace d'un matin.

[…]

François de Malherbe – *Œuvres*,
poème composé en 1598

Recueillement

Sois sage, ô ma Douleur, et tiens-toi plus tranquille.
Tu réclamais le Soir ; il descend ; le voici :
Une atmosphère obscure enveloppe la ville,
Aux uns portant la paix, aux autres le souci.

Pendant que des mortels la multitude vile,
Sous le fouet du Plaisir, ce bourreau sans merci,
Va cueillir des remords dans la fête servile,
Ma Douleur, donne-moi la main ; viens par ici,

Loin d'eux. Vois se pencher les défuntes Années,
Sur les balcons du ciel, en robes surannées ;
Surgir du fond des eaux le Regret souriant ;

Le Soleil moribond s'endormir sous une arche,
Et, comme un long linceul traînant à l'Orient,
Entends, ma chère, entends la douce Nuit qui
marche.

Charles Baudelaire – *Les Fleurs du Mal*, 1857

Licorne

Licorne au corps si doux de femme
Fine tête de demoiselle
Le verbe amour blesse ton âme
Ton rire tremble jusqu'au ciel
Dans les seigles tu dis : je t'aime
J'aime le feu que tu réclames.

Tu pratiques jeux de jeunesse
Licorne folle de mes yeux
Dans les seigles que le jour blesse
Ta voix veinulée qui me veut
Femme qui naît de ma tendresse
Tes jambes nues, ta bouche bleue.

Folle, ma folle je veux croire
À la vérité de ta peau
Tes yeux, tes seins réclament gloire
Ta bouche déchire les mots
Tu marcheras dessus les eaux
Je chevaucherai ta victoire.

Bouche contre bouche au galop
Par les seigles et les forêts
Folle, tous les cris que je te tais
Mes lèvres mouillées de tes mots
Tes mots rouges comme des plaies
Ton rire en moi comme un sanglot.

CHARLES LE QUINTREC – *LA MARCHE DES ARBRES*, 1970

Dans un mois, dans un an…

Hé bien ! régnez, cruel ; contentez votre gloire :
Je ne dispute plus. J'attendais, pour vous croire,
Que cette même bouche, après mille serments
D'un amour qui devait unir tous nos moments,
Cette bouche, à mes yeux s'avouant infidèle,
M'ordonnât elle-même une absence éternelle.
Moi-même j'ai voulu vous entendre en ce lieu.
Je n'écoute plus rien et, pour jamais, adieu.
Pour jamais ! Ah ! Seigneur, songez-vous
[en vous-même
Combien ce mot cruel est affreux quand on aime ?
Dans un mois, dans un an, comment
[souffrirons-nous,
Seigneur, que tant de mers me séparent de vous ?
Que le jour recommence, et que le jour finisse,
Sans que jamais Titus puisse voir Bérénice,
Sans que, de tout le jour, je puisse voir Titus !
Mais quelle est mon erreur, et que de soins perdus !
L'ingrat, de mon départ consolé par avance,
Daignera-t-il compter les jours de mon absence ?
Ces jours si longs pour moi lui sembleront trop courts.

Jean Racine – *Bérénice*, acte IV, scène V, 1670

DE L'HUMOUR

•

Le soleil qui m'éclaire

Cloris vit sous les dures lois
D'un mari dont la rêverie
Le fait même jaloux des rois
Qui sont peints dans sa galerie

Il lui prêche que le devoir
L'oblige à fuir ma rencontre ;
Je serai privé de la voir
Sans le songe qui me la montre.

Ce doux sorcier de mes ennuis
Me l'amène toutes les nuits,
Tant il est soigneux de me plaire

Que mon sort est capricieux !
Pour voir le soleil qui m'éclaire,
Il faut que je ferme les yeux.

FRANÇOIS MAYNARD – *LES ŒUVRES*, 1646

Ballade à la lune

C'était, dans la nuit brune,
Sur le clocher jauni,
La lune
Comme un point sur un i.

Lune, quel esprit sombre
Promène au bout d'un fil,
Dans l'ombre,
Ta face et ton profil ?

Es-tu l'œil du ciel borgne ?
Quel chérubin cafard
Nous lorgne
Sous ton masque blafard ?

N'es-tu rien qu'une boule ?
Qu'un grand faucheux bien gras
Qui roule
Sans pattes et sans bras ?

Es-tu, je t'en soupçonne,
Le vieux cadran de fer
Qui sonne
L'heure aux damnés d'enfer ? [...]

Qui t'avait éborgnée
L'autre nuit ? T'étais-tu
Cognée
À quelque arbre pointu ?

Car tu vins, pâle et morne,
Coller sur mes carreaux
Ta corne,
À travers les barreaux. [...]

ALFRED DE MUSSET – *PREMIÈRES POÉSIES*, 1829

Jeanne était au pain sec...

Jeanne était au pain sec dans le cabinet noir,
Pour un crime quelconque, et, manquant au devoir,
J'allai voir la proscrite en pleine forfaiture,
Et lui glissai dans l'ombre un pot de confiture
Contraire aux lois. Tous ceux sur qui, dans ma cité,
Repose le salut de la société,
S'indignèrent, et Jeanne a dit d'une voix douce :
– Je ne toucherai plus mon nez avec mon pouce ;
Je ne me ferai plus griffer par le minet.
Mais on s'est récrié : – Cette enfant vous connaît ;
Elle sait à quel point vous êtes faible et lâche.
Elle vous voit toujours rire quand on se fâche.

Pas de gouvernement possible. À chaque instant
L'ordre est troublé par vous ; le pouvoir se détend ;
Plus de règle. L'enfant n'a plus rien qui l'arrête.
Vous démolissez tout. – Et j'ai baissé la tête,
Et j'ai dit : – Je n'ai rien à répondre à cela,
J'ai tort. Oui, c'est avec ces indulgences-là
Qu'on a toujours conduit les peuples à leur perte.
Qu'on me mette au pain sec. – Vous le méritez, certes,
On vous y mettra. – Jeanne alors, dans son coin noir,
M'a dit tout bas, levant ses yeux si beaux à voir,
Pleins de l'autorité des douces créatures :
– Eh bien, moi, je t'irai porter des confitures.

Victor Hugo – *L'Art d'être grand-père*, 1877

Le hareng saur

Il était un grand mur blanc – nu, nu, nu,
Contre le mur une échelle – haute, haute, haute,
Et, par terre, un hareng saur – sec, sec, sec.

Il vient, tenant dans ses mains – sales, sales, sales,
Un marteau lourd, un grand clou – pointu, pointu,
[pointu,
Un peloton de ficelle – gros, gros, gros.

Alors il monte à l'échelle – haute, haute, haute,
Et plante le clou pointu – toc, toc, toc,
Tout en haut du grand mur blanc – nu, nu, nu.

Il laisse aller le marteau – qui tombe, qui tombe,
[qui tombe,
Attache au clou la ficelle – longue, longue, longue,
Et, au bout, le hareng saur – sec, sec, sec.

Il redescend de l'échelle – haute, haute, haute,
L'emporte avec le marteau – lourd, lourd, lourd,
Et puis, il s'en va ailleurs – loin, loin, loin.

Et, depuis, le hareng saur – sec, sec, sec,
Au bout de cette ficelle – longue, longue, longue,
Très lentement se balance – toujours, toujours,
[toujours.

J'ai composé cette histoire – simple, simple, simple,
Pour mettre en fureur les gens – graves, graves, graves,
Et amuser les enfants – petits, petits, petits.

CHARLES CROS – *LE COFFRET DE SANTAL*, 1873

Sur l'herbe

– L'abbé divague. – Et toi, marquis,
Tu mets de travers ta perruque.
– Ce vieux vin de Chypre est exquis
Moins, Camargo, que votre nuque.

– Ma flamme… – Do, mi, sol, la, si.
L'abbé, ta noirceur se dévoile !
– Que je meure, mesdames, si
Je ne vous décroche une étoile !

– Je voudrais être petit chien !
– Embrassons nos bergères, l'une
Après l'autre. – Messieurs ! eh bien ?
– Do, mi, sol. - Hé ! bonsoir, la Lune !

Paul Verlaine – *Fêtes galantes*, 1869

L'affaire se complique

Qu'est-ce que c'est
que tout ceci
qui va d'ici
jusque là-bas ?

Ho-ho par ci !
hou-hou par-là !
Qui est ici ?
et qui va là ?

Je dis : hé-là !
mais c'est pour qui ?
Et pourquoi qui
et pourquoi quoi ?

Quoi est à qui ?
À vous ? à lui ?
Qui vous l'a dit ?
Ce n'est pas moi
(ni moi non plus)
ni moi ni moi.

JEAN TARDIEU – *MONSIEUR MONSIEUR*, 1948-1950

À la mémoire de Zulma...

Elle était riche de vingt ans,
Moi j'étais jeune de vingt francs,
Et nous fîmes bourse commune,
Placée, à fond-perdu, dans une
Infidèle nuit de printemps...

La lune a fait un trou dedans,
Rond comme un écu de cinq francs,
Par où passa notre fortune :
Vingt ans ! vingt francs !... et puis la lune
En monnaie – hélas – les vingt francs
En monnaie aussi les vingt ans !
Toujours de trous en trous de lune,
Et de bourse en bourse commune...
– C'est à peu près même fortune !

– Je la trouvai – bien des printemps,
Bien des vingt ans, bien des vingt francs,
Bien des trous et bien de la lune
Après – Toujours vierge et vingt ans,
Et... colonelle à la Commune !

– Puis après : la chasse aux passants,
Aux vingt sols, et plus aux vingt francs…
Puis après : la fosse commune,
Nuit gratuite sans trou de lune.

TRISTAN CORBIÈRE – *LES AMOURS JAUNES*, 1873

Le bonheur

Le bonheur est dans le pré. Cours-y vite, cours-y vite.
Le bonheur est dans le pré. Cours-y vite. Il va filer

Si tu veux le rattraper, cours-y vite, cours-y vite.
Si tu veux le rattraper, cours-y vite. Il va filer.

Dans l'ache et le serpolet, cours-y vite, cours-y vite,
dans l'ache et le serpolet, cours-y vite. Il va filer.

Sur les cornes du bélier, cours-y vite, cours-y vite,
sur les cornes du bélier, cours-y vite. Il va filer.

Sur le flot du sourcelet, cours-y vite, cours-y vite,
sur le flot du sourcelet, cours-y vite. Il va filer

De pommier en cerisier, cours-y vite, cours-y vite,
de pommier en cerisier, cours-y vite. Il va filer

Saute par-dessus la haie, cours-y vite, cours-y vite.
Saute par-dessus la haie, cours-y vite. Il a filé !

PAUL FORT – *BALLADES FRANÇAISES*, 1897

Sur l'Hélène de Gustave Moreau…

Frêle sous ses bijoux, à pas lents, et sans voir
Tous ces beaux héros morts, dont pleurent les fiancées,
Devant l'horizon vaste ainsi que ses pensées
Hélène vient songer dans la douceur du soir.

« Qui donc es-tu, Toi qui sèmes le désespoir ? »
Lui râlent les mourants fauchés là par brassées,
Et la fleur qui se fane à ses lèvres glacées
Lui dit : Qui donc es-tu ? de sa voix d'encensoir.

Hélène cependant parcourt d'un regard morne
La mer, et les cités, et les plaines sans borne,
Et prie : « Oh ! c'est assez, Nature ! reprends-moi !

Entends ! Quel long sanglot vers nos Lois éternelles ! »
– Puis, comme elle frissonne en ses noires dentelles,
Lente, elle redescend, craignant de « prendre froid ».

JULES LAFORGUE – *LES COMPLAINTES*, 1885

Le grand homme

Chez un tailleur de pierre
où je l'ai rencontré
il faisait prendre ses mesures
pour la postérité

Jacques Prévert – *Paroles*, 1945

DE LA MÉLANCOLIE

•

El Desdichado

Je suis le ténébreux, – le veuf, – l'inconsolé,
Le Prince d'Aquitaine à la tour abolie :
Ma seule étoile est morte, – et mon luth constellé
Porte le Soleil noir de la Mélancolie.

Dans la nuit du tombeau, toi qui m'as consolé,
Rends-moi le Pausilippe et la mer d'Italie,
La fleur qui plaisait tant à mon cœur désolé,
Et la treille où le pampre à la rose s'allie.

Suis-je Amour ou Phœbus ?... Lusignan ou Biron ?
Mon front est rouge encor du baiser de la Reine ;
J'ai rêvé dans la grotte où nage la syrène...

Et j'ai deux fois vainqueur traversé l'Achéron :
Modulant tour à tour sur la lyre d'Orphée
Les soupirs de la sainte et les cris de la fée.

GÉRARD DE NERVAL – *LES CHIMÈRES*, 1854

Il pleure dans mon cœur

Il pleure dans mon cœur
Comme il pleut sur la ville ;
Quelle est cette langueur
Qui pénètre mon cœur ?

Ô bruit doux de la pluie
Par terre et sur les toits !
Pour un cœur qui s'ennuie
Ô le chant de la pluie !

Il pleure sans raison
Dans ce cœur qui s'écœure.
Quoi ! nulle trahison ?…
Ce deuil est sans raison.

C'est bien la pire peine
De ne savoir pourquoi,
Sans amour et sans haine
Mon cœur a tant de peine !

PAUL VERLAINE – *ROMANCES SANS PAROLES*, 1874

Le Pont Mirabeau

Sous le pont Mirabeau coule la Seine
Et nos amours
Faut-il qu'il m'en souvienne
La joie venait toujours après la peine

Vienne la nuit sonne l'heure
Les jours s'en vont je demeure

Les mains dans les mains restons face à face
Tandis que sous
Le pont de nos bras passe
Des éternels regards l'onde si lasse

Vienne la nuit sonne l'heure
Les jours s'en vont je demeure

L'amour s'en va comme cette eau courante
L'amour s'en va
Comme la vie est lente
Et comme l'Espérance est violente

Vienne la nuit sonne l'heure
Les jours s'en vont je demeure

Passent les jours et passent les semaines
Ni temps passé
Ni les amours reviennent
Sous le pont Mirabeau coule la Seine

Vienne la nuit sonne l'heure
Les jours s'en vont je demeure

Guillaume Apollinaire – *Alcools*, 1913

Brise marine

La chair est triste, hélas! et j'ai lu tous les livres.
Fuir! là-bas fuir! Je sens que des oiseaux sont ivres
D'être parmi l'écume inconnue et les cieux!
Rien, ni les vieux jardins reflétés par les yeux
Ne retiendra ce cœur qui dans la mer se trempe
Ô nuits! ni la clarté déserte de ma lampe
Sur le vide papier que la blancheur défend
Et ni la jeune femme allaitant son enfant.
Je partirai! Steamer balançant ta mâture,
Lève l'ancre pour une exotique nature!

Un Ennui, désolé par les cruels espoirs,
Croit encore à l'adieu suprême des mouchoirs!
Et, peut-être, les mâts, invitant les orages
Sont-ils de ceux qu'un vent penche sur les naufrages
Perdus, sans mâts, sans mâts, ni fertiles îlots...
Mais, ô mon cœur, entends le chant des matelots!

Stéphane Mallarmé – *Poésies*, 1887

Il n'y a pas d'amour heureux

Rien n'est jamais acquis à l'homme Ni sa force
Ni sa faiblesse ni son cœur Et quand il croit
Ouvrir ses bras son ombre est celle d'une croix
Et quand il croit serrer son bonheur il le broie
Sa vie est un étrange et douloureux divorce
Il n'y a pas d'amour heureux

Sa vie Elle ressemble à ces soldats sans armes
Qu'on avait habillés pour un autre destin
À quoi peut leur servir de se lever matin
Eux qu'on retrouve au soir désœuvrés incertains
Dites ces mots Ma vie Et retenez vos larmes
Il n'y a pas d'amour heureux

Mon bel amour mon cher amour ma déchirure
Je te porte dans moi comme un oiseau blessé
Et ceux-là sans savoir nous regardent passer
Répétant après moi les mots que j'ai tressés
Et qui pour tes grands yeux tout aussitôt moururent
Il n'y a pas d'amour heureux

Le temps d'apprendre à vivre il est déjà trop tard
Que pleurent dans la nuit nos cœurs à l'unisson
Ce qu'il faut de malheur pour la moindre chanson
Ce qu'il faut de regrets pour payer un frisson
Ce qu'il faut de sanglots pour un air de guitare
Il n'y a pas d'amour heureux

Il n'y a pas d'amour qui ne soit à douleur
Il n'y a pas d'amour dont on ne soit meurtri
Il n'y a pas d'amour dont on ne soit flétri
Et pas plus que de toi l'amour de la patrie
Il n'y a pas d'amour qui ne vive de pleurs
Il n'y a pas d'amour heureux
Mais c'est notre amour à tous deux

LOUIS ARAGON – *LA DIANE FRANÇAISE*, 1945

Ma chambre

Ma demeure est haute,
Donnant sur les cieux;
La lune en est l'hôte,
Pâle et sérieux:
En bas que l'on sonne,
Qu'importe aujourd'hui?
Ce n'est plus personne,
Quand ce n'est pas lui!

Aux autres cachée,
Je brode mes fleurs;
Sans être fâchée,
Mon âme est en pleurs:
Le ciel bleu sans voiles,
Je le vois d'ici;
Je vois les étoiles:
Mais l'orage aussi!

Vis-à-vis la mienne
Une chaise attend :
Elle fut la sienne,
La nôtre un instant :
D'un ruban signée,
Cette chaise est là,
Toute résignée,
Comme me voilà !

Marceline Desbordes-Valmore
– *Bouquets et Prières*, 1843

Angoisses et autres

J'ai peur que Tu ne t'offenses
lorsque je mets en balance
dans mon cœur et dans mes œuvres
ton amour dont je me prive
et l'autre amour dont je meurs

Qu'écriras-tu en ces vers
ou bien Dieu que tu déranges
Dieu, les prêtres et les anges
ou bien tes amours d'enfer
et leurs agonies gourmandes
Justes rochers vieux molochs

je pars je reviens j'approche
de mon inaccessible mal
mes amours sont dans ma poche
je vais pleurer dans une barque

Sur les remparts d'Édimbourg
tant de douleur se marie
ce soir
avec tant d'amour
que ton cheval Poésie
en porte une voile noire

MAX JACOB – *FOND DE L'EAU*, 1927

À peine défigurée

Adieu tristesse
Bonjour tristesse
Tu es inscrite dans les lignes du plafond
Tu es inscrite dans les yeux que j'aime
Tu n'es pas tout à fait la misère
Car les lèvres les plus pauvres te dénoncent
Par un sourire
Bonjour tristesse
Amour des corps aimables
Puissance de l'amour dont l'amabilité surgit

Comme un monstre sans corps
Tête désappointée
Tristesse beau visage

Paul Éluard – *La Vie immédiate*, 1935

Jamais

Jamais, avez-vous dit, tandis qu'autour de nous
Résonnait de Schubert la plaintive musique;
Jamais, avez-vous dit, tandis que, malgré vous,
Brillait de vos grands yeux l'azur mélancolique.

Jamais, répétiez-vous, pâle et d'un air si doux
Qu'on eût cru voir sourire une médaille antique.
Mais des trésors secrets l'instinct fier et pudique
Vous couvrit de rougeur, comme un voile jaloux.

Quel mot vous prononcez, marquise, et quel dommage!
Hélas! je ne voyais ni ce charmant visage,
Ni ce divin sourire, en vous parlant d'aimer.

Vos yeux bleus sont moins doux que votre âme n'est
[belle.
Même en les regardant, je ne regrettais qu'elle,
Et de voir dans sa fleur un tel cœur se fermer.

Alfred de Musset – *Poésies nouvelles*, 1836

Chanson d'automne

Les sanglots longs
Des violons
    De l'automne
Blessent mon cœur
D'une langueur
    Monotone.

Tout suffocant
Et blême, quand
    Sonne l'heure,
Je me souviens
Des jours anciens
    Et je pleure ;

Et je m'en vais
Au vent mauvais
    Qui m'emporte
Deçà, delà,
Pareil à la
    Feuille morte.

PAUL VERLAINE – *POÈMES SATURNIENS*, 1866

DE LA NOSTALGIE

•

Heureux qui, comme Ulysse…

Heureux qui, comme Ulysse, a fait un beau voyage,
Ou comme cestuy-là qui conquit la toison,
Et puis est retourné, plein d'usage et raison,
Vivre entre ses parents le reste de son âge!

Quand reverrai-je, hélas, de mon petit village
Fumer la cheminée, et en quelle saison
Reverrai-je le clos de ma pauvre maison,
Qui m'est une province, et beaucoup davantage?

Plus me plaît le séjour qu'ont bâti mes aïeux,
Que des palais Romains le front audacieux,
Plus que le marbre dur me plaît l'ardoise fine:

Plus mon Loire gaulois, que le Tibre latin,
Plus mon petit Liré, que le mont Palatin,
Et plus que l'air marin la douceur angevine.

JOACHIM DU BELLAY – *LES REGRETS*, 1558

Après trois ans

Ayant poussé la porte étroite qui chancelle,
Je me suis promené dans le petit jardin
Qu'éclairait doucement le soleil du matin,
Pailletant chaque fleur d'une humide étincelle.

Rien n'a changé. J'ai tout revu : l'humble tonnelle
De vigne folle avec les chaises de rotin…
Le jet d'eau fait toujours son murmure argentin
Et le vieux tremble sa plainte sempiternelle.

Les roses comme avant palpitent ; comme avant,
Les grands lys orgueilleux se balancent au vent.
Chaque alouette qui va et vient m'est connue.

Même j'ai retrouvé debout la Velléda
Dont le plâtre s'écaille au bout de l'avenue,
– Grêle, parmi l'odeur fade du réséda.

PAUL VERLAINE – *POÈMES SATURNIENS*, 1866

Ma bohème

Je m'en allais, les poings dans mes poches crevées ;
Mon paletot aussi devenait idéal ;
J'allais sous le ciel, Muse ! et j'étais ton féal ;
Oh ! là ! là ! que d'amours splendides j'ai rêvées !

Mon unique culotte avait un large trou.
– Petit-Poucet rêveur, j'égrenais dans ma course
Des rimes. Mon auberge était à la Grande-Ourse.
– Mes étoiles au ciel avaient un doux frou-frou

Et je les écoutais, assis au bord des routes,
Ces bons soirs de septembre où je sentais des gouttes
De rosée à mon front, comme un vin de vigueur ;

Où, rimant au milieu des ombres fantastiques,
Comme des lyres, je tirais les élastiques
De mes souliers blessés, un pied près de mon cœur !

ARTHUR RIMBAUD – *POÉSIES*, 1868-1870

Le Lac

Ainsi, toujours poussés vers de nouveaux rivages,
Dans la nuit éternelle emportés sans retour,
Ne pourrons-nous jamais sur l'océan des âges
Jeter l'ancre un seul jour ?

Ô lac ! l'année à peine a fini sa carrière,
Et près des flots chéris qu'elle devait revoir,
Regarde ! je viens seul m'asseoir sur cette pierre
Où tu la vis s'asseoir !

Tu mugissais ainsi sous ces roches profondes,
Ainsi tu te brisais sur leurs flancs déchirés,
Ainsi le vent jetait l'écume de tes ondes
Sur ses pieds adorés.

Un soir, t'en souvient-il ? nous voguions en silence ;
On n'entendait au loin, sur l'onde et sous les cieux,
Que le bruit des rameurs qui frappaient en cadence
Tes flots harmonieux.

Tout à coup des accents inconnus à la terre
Du rivage charmé frappèrent les échos ;
Le flot fut attentif, et la voix qui m'est chère
Laissa tomber ces mots :

« Ô temps ! suspends ton vol, et vous, heures propices !
Suspendez votre cours :
Laissez-nous savourer les rapides délices
Des plus beaux de nos jours !

« Assez de malheureux ici-bas vous implorent,
Coulez, coulez pour eux ;
Prenez avec leurs jours les soins qui les dévorent ;
Oubliez les heureux.

« Mais je demande en vain quelques moments encore,
Le temps m'échappe et fuit ;
Je dis à cette nuit : Sois plus lente ; et l'aurore
Va dissiper la nuit.

« Aimons donc, aimons donc ! de l'heure fugitive,
Hâtons-nous, jouissons !
L'homme n'a point de port, le temps n'a point de rive ;
Il coule, et nous passons ! »

Temps jaloux, se peut-il que ces moments d'ivresse,
Où l'amour à longs flots nous verse le bonheur,
S'envolent loin de nous de la même vitesse
Que les jours de malheur ?

Eh quoi ! n'en pourrons-nous fixer au moins la trace ?
Quoi ! passés pour jamais ! quoi ! tout entiers perdus !
Ce temps qui les donna, ce temps qui les efface,
Ne nous les rendra plus !

Éternité, néant, passé, sombres abîmes,
Que faites-vous des jours que vous engloutissez ?
Parlez : nous rendrez-vous ces extases sublimes
Que vous nous ravissez ?

Ô lac ! rochers muets ! grottes ! forêt obscure !
Vous, que le temps épargne ou qu'il peut rajeunir,
Gardez de cette nuit, gardez, belle nature,
Au moins le souvenir !

Qu'il soit dans ton repos, qu'il soit dans tes orages,
Beau lac, et dans l'aspect de tes riants coteaux,
Et dans ces noirs sapins, et dans ces rocs sauvages
Qui pendent sur tes eaux.

Qu'il soit dans le zéphyr qui frémit et qui passe,
Dans les bruits de tes bords par tes bords répétés,
Dans l'astre au front d'argent qui blanchit ta surface
De ses molles clartés.

Que le vent qui gémit, le roseau qui soupire,
Que les parfums légers de ton air embaumé,
Que tout ce qu'on entend, l'on voit ou l'on respire,
Tout dise : Ils ont aimé !

Alphonse de Lamartine – *Méditations poétiques*, 1820

Le ciel est par-dessus le toit

Le ciel est, par-dessus le toit,
Si bleu, si calme !
Un arbre, par-dessus le toit,
Berce sa palme.

La cloche, dans le ciel qu'on voit,
Doucement tinte.
Un oiseau sur l'arbre qu'on voit
Chante sa plainte.

Mon Dieu, mon Dieu, la vie est là,
Simple et tranquille.
Cette paisible rumeur-là
Vient de la ville.

– Qu'as-tu fait, ô toi que voilà
Pleurant sans cesse,
Dis, qu'as-tu fait, toi que voilà,
De ta jeunesse ?

Paul Verlaine – *Sagesse*, 1881

Ballade des dames du temps jadis

Dites-moi où, n'en quel pays,
Est Flora la belle Romaine,
Archipiades, ne Thaïs,
Qui fut sa cousine germaine,
Écho, parlant quand bruyt on mène
Dessus rivière ou sur étang,
Qui beauté eut trop plus qu'humaine ?
Mais où sont les neiges d'antan ?

Où est la très sage Héloïs,
Pour qui fut châtré et puis moine
Pierre Abélard à Saint-Denis ?
Pour son amour eut cette essoyne* !
Semblablement, où est la royne*
Qui commanda que Buridan

* essoyne : malheur

Fût jeté en un sac en Seine ?
Mais où sont les neiges d'antan ?

La Royne* Blanche comme liz
Qui chantait à voix de sirène,
Berthe au grant pié, Bietriz, Aliz,
Haremburgis qui tint le Maine,
Et Jehanne, la bonne Lorraine
Qu'Anglais brûlèrent à Rouen ;
Où sont-ilz, où, Vierge souv(e)raine ?
Mais où sont les neiges d'antan ?

Prince, n'enquerrez de semaine
Où elles sont, ne de cest an,
Que ce refrain ne vous remaine :
Mais où sont les neiges d'antan ?

François Villon – *Le Testament*, 1461

* royne : reine

De soi-même

Plus ne suis ce que j'ai été,
Et ne le saurais jamais être.
Mon beau printemps et mon été
Ont fait le saut par la fenêtre.
Amour, tu as été mon maître,
Je t'ai servi sur tous les Dieux.
Ah si je pouvais deux fois naître,
Comme je te servirais mieux !

Clément Marot – *Épigrammes*, 1538

DU SOUVENIR

•

L'Adieu

J'ai cueilli ce brin de bruyère
L'automne est morte souviens-t'en
Nous ne nous verrons plus sur terre
Odeur du temps brin de bruyère
Et souviens-toi que je t'attends

GUILLAUME APOLLINAIRE – *ALCOOLS*, 1913

Harmonie du soir

Voici venir les temps où vibrant sur sa tige
Chaque fleur s'évapore ainsi qu'un encensoir;
Les sons et les parfums tournent dans l'air du soir;
Valse mélancolique et langoureux vertige!

Chaque fleur s'évapore ainsi qu'un encensoir;
Le violon frémit comme un cœur qu'on afflige;
Valse mélancolique et langoureux vertige!
Le ciel est triste et beau comme un grand reposoir.

Le violon frémit comme un cœur qu'on afflige,
Un cœur tendre, qui hait le néant vaste et noir!
Le ciel est triste et beau comme un grand reposoir;
Le soleil s'est noyé dans son sang qui se fige.

Un cœur tendre, qui hait le néant vaste et noir,
Du passé lumineux recueille tout vestige!
Le soleil s'est noyé dans son sang qui se fige...
Ton souvenir en moi luit comme un ostensoir!

Charles Baudelaire – *Les Fleurs du Mal*, 1857

Colloque sentimental

Dans le vieux parc solitaire et glacé,
Deux formes ont tout à l'heure passé.

Leurs yeux sont morts et leurs lèvres sont molles,
Et l'on entend à peine leurs paroles.

Dans le vieux parc solitaire et glacé,
Deux spectres ont évoqué le passé.

– Te souvient-il de notre extase ancienne?
– Pourquoi voulez-vous donc qu'il m'en souvienne?

– Ton cœur bat-il toujours à mon seul nom?
Toujours vois-tu mon âme en rêve? – Non.

– Ah! les beaux jours de bonheur indicible
Où nous joignions nos bouches! – C'est possible.

– Qu'il était bleu, le ciel, et grand, l'espoir!
– L'espoir a fui, vaincu, vers le ciel noir.

Tels ils marchaient dans les avoines folles,
Et la nuit seule entendit leurs paroles.

Paul Verlaine – *Fêtes galantes*, 1869

Artémis

La Treizième revient… C'est encor la première;
Et c'est toujours la seule, – ou c'est le seul moment
Car es-tu reine, ô toi! la première ou dernière?
Es-tu roi, toi le seul ou le dernier amant?…

Aimez qui vous aima du berceau dans la bière;
Celle que j'aimai seul m'aime encor tendrement:
C'est la mort – ou la morte… Ô délice! ô tourment!
La rose qu'elle tient, c'est la Rose trémière.

Sainte napolitaine aux mains pleines de feux,
Rose au cœur violet, fleur de sainte Gudule :
As-tu trouvé ta croix dans le désert des cieux ?

Roses blanches, tombez ! vous insultez nos dieux,
Tombez fantômes blancs de votre ciel qui brûle :
– La sainte de l'abîme est plus sainte à mes yeux !

Gérard de Nerval – *Les Chimères*, 1854

À une passante

La rue assourdissante autour de moi hurlait.
Longue, mince, en grand deuil, douleur majestueuse,
Une femme passa, d'une main fastueuse
Soulevant, balançant le feston et l'ourlet ;

Agile et noble, avec sa jambe de statue.
Moi, je buvais, crispé comme un extravagant,
Dans son œil, ciel livide où germe l'ouragan,
La douceur qui fascine et le plaisir qui tue.

Un éclair… puis la nuit ! – Fugitive beauté
Dont le regard m'a fait soudainement renaître,
Ne te verrai-je plus que dans l'éternité ?

Ailleurs, bien loin d'ici ! trop tard ! jamais peut-être !
Car j'ignore où tu fuis, tu ne sais où je vais,
Ô toi que j'eusse aimée, ô toi qui le savais !

Charles Baudelaire – *Les Fleurs du Mal*, 1857

Quand vous serez bien vieille…

Quand vous serez bien vieille, au soir, à la chandelle,
Assise auprès du feu, dévidant et filant,
Direz, chantant mes vers, en vous émerveillant :
« Ronsard me célébrait du temps que j'étais belle. »

Lors vous n'aurez servante oyant telle nouvelle,
Déjà sous le labeur à demi sommeillant,
Qui au bruit de mon nom ne s'aille réveillant,
Bénissant votre nom de louange immortelle.

Je serai sous la terre et fantôme sans os
Par les ombres myrteux je prendrai mon repos ;
Vous serez au foyer une vieille accroupie,

Regrettant mon amour et votre fier dédain.
Vivez, si m'en croyez, n'attendez à demain :
Cueillez dès aujourd'huy les roses de la vie.

Pierre de Ronsard – *Sonnets pour Hélène*, 1578

Le tremble est blanc

Le temps irrévocable a fui. L'heure s'achève.
Mais toi, quand tu reviens, et traverse mon rêve,
Tes bras sont plus frais que le jour qui se lève,
Tes yeux plus clairs.
À travers le passé ma mémoire t'embrasse.
Te voici. Tu descends en courant la terrasse
Odorante, et tes faibles pas s'embarrassent
Parmi les fleurs.
Par un après-midi de l'automne, au mirage
De ce tremble inconstant que varient les nuages,
Ah, verrai-je encor se farder ton visage
D'ombre et de soleil ?

Paul-Jean Toulet – *Les Contrerimes*, 1921

Évadné

L'été et notre vie étions d'un seul tenant
La campagne mangeait la couleur de ta jupe odorante
Avidité et contrainte s'étaient réconciliées
Le château de Maubec s'enfonçait dans l'argile
Bientôt s'effondrerait le roulis de sa lyre
La violence des plantes nous faisait vaciller
Un corbeau rameur sombre déviant de l'escadre

Sur le muet silex de midi écartelé
Accompagnait notre entente aux mouvements tendres
La faucille partout devait se reposer
Notre rareté commençait un règne
(Le vent insomnieux qui nous ride la paupière
En tournant chaque nuit la page consentie
Veut que chaque part de toi que je retienne
Soit étendue à un pays d'âge affamé et de larmier géant)

C'était au début d'adorables années
La terre nous aimait un peu je me souviens.

René Char – *Commune Présence*, 1964

Nevermore

Souvenir, souvenir, que me veux-tu ? L'automne
Faisait voler la grive à travers l'air atone,
Et le soleil dardait un rayon monotone
Sur le bois jaunissant où la bise détonne.

Nous étions seul à seule et marchions en rêvant,
Elle et moi, les cheveux et la pensée au vent.
Soudain, tournant vers moi son regard émouvant :
« Quel fut ton plus beau jour ? » fit sa voix d'or vivant,

Sa voix douce et sonore, au frais timbre angélique.
Un sourire discret lui donna la réplique,
Et je baisai sa main blanche, dévotement.

– Ah ! les premières fleurs, qu'elles sont parfumées !
Et qu'il bruit avec un murmure charmant
Le premier oui qui sort de lèvres bien-aimées !

Paul Verlaine – *Poèmes saturniens*, 1866

DU DESTIN

•

À Cassandre

Mignonne, allons voir si la rose
Qui ce matin avait déclose
Sa robe de pourpre au Soleil,
A point perdu ceste vesprée
Les plis de sa robe pourprée,
Et son teint au vôtre pareil.

Las ! voyez comme en peu d'espace,
Mignonne, elle a dessus la place
Las ! las ses beautés laissé choir !
Ô vraiment marâtre Nature,
Puisqu'une telle fleur ne dure
Que du matin jusques au soir !

Donc, si vous me croyez, mignonne,
Tandis que votre âge fleuronne
En sa plus verte nouveauté,
Cueillez, cueillez votre jeunesse :
Comme à ceste fleur la vieillesse
Fera ternir votre beauté.

PIERRE DE RONSARD – *LES ODES*, LIVRE I, ODE XVII, 1550

Le Cid

Don Diègue

Ô rage ! ô Désespoir ! ô vieillesse ennemie !
N'ai-je donc tant vécu que pour cette infamie ?
Et ne suis-je blanchi dans les travaux guerriers
Que pour voir en un jour flétrir tant de lauriers ?
Mon bras, qu'avec respect toute l'Espagne admire,
Mon bras, qui tant de fois a sauvé cet empire,
Tant de fois affermi le trône de son roi
Trahit donc ma querelle, et ne fait rien pour moi ?
Ô cruel souvenir de ma gloire passée !
Œuvre de tant de jours en un jour effacée !
Nouvelle dignité, fatale à mon bonheur !
Précipice élevé d'où tombe mon honneur !
Faut-il de votre éclat voir triompher le Comte,
Et mourir sans vengeance, ou vivre dans la honte ?
Comte, sois de mon prince à présent gouverneur ;
Ce haut rang n'admet point un homme sans honneur ;
Et ton jaloux orgueil, par cet affront insigne,
Malgré le choix du roi, m'en a su rendre indigne.
Et toi, de mes exploits glorieux instrument,
Mais d'un corps tout de glace inutile ornement,
Fer, jadis tant à craindre, et qui, dans cette offense,
M'as servi de parade, et non pas de défense,

Va, quitte désormais le dernier des humains,
Passe, pour me venger, en de meilleures mains.

Pierre Corneille – *Le Cid*, acte I, scène IV, 1636

Demain

Âgé de cent mille ans, j'aurais encore la force
De t'attendre, ô demain pressenti par l'espoir.
Le temps, vieillard souffrant de multiples entorses,
Peut gémir : le matin est neuf, neuf est le soir.
Mais depuis trop de mois nous vivons à la veille,
Nous veillons, nous gardons la lumière et le feu,
Nous parlons à voix basse et nous tendons l'oreille
À maint bruit vite éteint et perdu comme au jeu.
Or, du fond de la nuit, nous témoignons encore
De la splendeur du jour et de tous ses présents.
Si nous ne dormons pas c'est pour guetter l'aurore
Qui prouvera qu'enfin nous vivons au présent.

Robert Desnos – *État de veille*, 1942

L'Amour et la mort

Regardez-les passer, ces couples éphémères !
Dans les bras l'un de l'autre enlacés un moment,
Tous, avant de mêler à jamais leurs poussières,
Font le même serment :

Toujours ! Un mot hardi que les cieux qui vieillissent
Avec étonnement entendent prononcer,
Et qu'osent répéter des lèvres qui pâlissent
Et qui vont se glacer.

Vous qui vivez si peu, pourquoi cette promesse
Qu'un élan d'espérance arrache à votre cœur,
Vain défi qu'au néant vous jetez, dans l'ivresse
D'un instant de bonheur ?

Amants, autour de vous une voix inflexible
Crie à tout ce qui naît : « Aime et meurs ici-bas ! »
La mort est implacable et le ciel insensible ;
Vous n'échapperez pas.

Eh bien! puisqu'il le faut, sans trouble et sans murmure,
Forts de ce même amour dont vous vous enivrez
Et perdus dans le sein de l'immense Nature,
Aimez donc, et mourez! [...]

Louise Ackermann – *Poésies philosophiques*, 1874

L'Albatros

Souvent, pour s'amuser, les hommes d'équipage
Prennent des albatros, vastes oiseaux des mers,
Qui suivent, indolents compagnons de voyage,
Le navire glissant sur les gouffres amers.

À peine les ont-ils déposés sur les planches,
Que ces rois de l'azur, maladroits et honteux,
Laissent piteusement leurs grandes ailes blanches
Comme des avirons traîner à côté d'eux.

Ce voyageur ailé, comme il est gauche et veule!
Lui, naguère si beau, qu'il est comique et laid!
L'un agace son bec avec un brûle-gueule,
L'autre mime, en boitant, l'infirme qui volait!

Le Poète est semblable au prince des nuées
Qui hante la tempête et se rit de l'archer ;
Exilé sur le sol au milieu des huées,
Ses ailes de géant l'empêchent de marcher.

Charles Baudelaire – *Les Fleurs du Mal*, 1857

Clair de lune

Votre âme est un paysage choisi
Que vont charmant masques et bergamasques
Jouant du luth et dansant et quasi
Tristes sous leurs déguisements fantasques.

Tout en chantant sur le mode mineur
L'amour vainqueur et la vie opportune,
Ils n'ont pas l'air de croire à leur bonheur
Et leur chanson se mêle au clair de lune,

Au calme clair de lune triste et beau,
Qui fait rêver les oiseaux dans les arbres
Et sangloter d'extase les jets d'eau,
Les grands jets d'eau sveltes parmi les marbres.

Paul Verlaine – *Fêtes galantes*, 1869

Excuse mélancolique

Je ne vous aime pas, non, je n'aime personne,
L'Art, le Spleen, la Douleur sont mes seules amours ;
Puis, mon cœur est trop vieux pour fleurir comme
[aux jours
Où vous eussiez été mon unique madone.

Je ne vous aime pas, mais vous semblez si bonne.
Je pourrais oublier dans vos yeux de velours,
Et dégonfler mon cœur crevé de sanglots sourds
Le front sur vos genoux, enfant frêle et mignonne.

Oh ! dites, voulez-vous ? Je serais votre enfant.
Vous sauriez endormir mes tristesses sans causes,
Vous auriez des douceurs pour mes heures moroses,

Et peut-être qu'à l'heure où viendrait le néant
Baigner mon corps brisé de fraîcheur infinie,
Je mourrais doucement, consolé de la vie.

Jules Laforgue – *Les Complaintes*, 1885

Correspondances

La Nature est un temple où de vivants piliers
Laissent parfois sortir de confuses paroles ;
L'homme y passe à travers des forêts de symboles
Qui l'observent avec des regards familiers.

Comme de longs échos qui de loin se confondent
Dans une ténébreuse et profonde unité,
Vaste comme la nuit et comme la clarté,
Les parfums, les couleurs et les sons se répondent.

Il est des parfums frais comme des chairs d'enfants,
Doux comme les hautbois, verts comme les prairies,
– Et d'autres, corrompus, riches et triomphants,

Ayant l'expansion des choses infinies,
Comme l'ambre, le musc, le benjoin et l'encens,
Qui chantent les transports de l'esprit et des sens.

CHARLES BAUDELAIRE – *LES FLEURS DU MAL*, 1857

Assis sur un fagot…

Assis sur un fagot, une pipe à la main,
Tristement accoudé contre une cheminée,
Les yeux fixés vers terre, et l'âme mutinée,
Je songe aux cruautés de mon sort inhumain.

L'espoir qui me remet du jour au lendemain,
Essaie à gagner temps sur ma peine obstinée,
Et me venant promettre une autre destinée
Me fait monter plus haut qu'un empereur romain.

Mais à peine cette herbe est-elle mise en cendre,
Qu'en mon premier état il me convient descendre,
Et passer mes ennuis à redire souvent :

Non, je ne trouve point beaucoup de différence
De prendre du tabac à vivre d'espérance,
Car l'un n'est que fumée, et l'autre n'est que vent.

SAINT-AMANT – *ŒUVRES*, 1629

DE L'HÉROÏSME

•

Après la bataille

Mon père, ce héros au sourire si doux,
Suivi d'un seul housard qu'il aimait entre tous
Pour sa grande bravoure et pour sa haute taille,
Parcourait à cheval, le soir d'une bataille,
Le champ couvert de morts sur qui tombait la nuit.
Il lui sembla dans l'ombre entendre un faible bruit.
C'était un Espagnol de l'armée en déroute
Qui se traînait sanglant sur le bord de la route,
Râlant, brisé, livide, et mort plus qu'à moitié.
Et qui disait : « À boire ! à boire par pitié ! »
Mon père, ému, tendit à son housard fidèle
Une gourde de rhum qui pendait à sa selle,
Et dit : « Tiens, donne à boire à ce pauvre blessé. »
Tout à coup, au moment où le housard baissé
Se penchait vers lui, l'homme, une espèce de Maure,
Saisit un pistolet qu'il étreignait encore,
Et vise au front mon père en criant : « Caramba ! »
Le coup passa si près que le chapeau tomba
Et que le cheval fit un écart en arrière.
« Donne-lui tout de même à boire », dit mon père.

VICTOR HUGO – *LA LÉGENDE DES SIÈCLES*, 1859

Les conquérants

Comme un vol de gerfauts hors du charnier natal,
Fatigués de porter leurs misères hautaines,
De Palos de Moguer, routiers et capitaines
Partaient, ivres d'un rêve héroïque et brutal.

Ils allaient conquérir le fabuleux métal
Que Cipango mûrit dans ses mines lointaines,
Et les vents alizés inclinaient leurs antennes
Aux bords mystérieux du monde occidental.

Chaque soir, espérant des lendemains épiques,
L'azur phosphorescent de la mer des Tropiques
Enchantait leur sommeil d'un mirage doré;

Ou penchés à l'avant des blanches caravelles,
Ils regardaient monter en un ciel ignoré
Du fond de l'Océan des étoiles nouvelles.

José-Maria de Heredia – *Les Trophées,* 1893

Le cor

I

J'aime le son du Cor, le soir, au fond des bois,
Soit qu'il chante les pleurs de la biche aux abois,
Ou l'adieu du chasseur que l'écho faible accueille,
Et que le vent du nord porte de feuille en feuille.

Que de fois, seul, dans l'ombre à minuit demeuré,
J'ai souri de l'entendre, et plus souvent pleuré !
Car je croyais ouïr de ces bruits prophétiques
Qui précédaient la mort des Paladins antiques.

Ô montagne d'azur ! ô pays adoré !
Rocs de la Frazona, cirque du Marboré,
Cascades qui tombez des neiges entraînées,
Sources, gaves, ruisseaux, torrents des Pyrénées ;

Monts gelés et fleuris, trône des deux saisons,
Dont le front est de glace et le pied de gazons !
C'est là qu'il faut s'asseoir, c'est là qu'il faut entendre
Les airs lointains d'un Cor mélancolique et tendre.

Souvent un voyageur, lorsque l'air est sans bruit,
De cette voix d'airain fait retentir la nuit;
À ses chants cadencés autour de lui se mêle
L'harmonieux grelot du jeune agneau qui bêle.

Une biche attentive, au lieu de se cacher,
Se suspend immobile au sommet du rocher,
Et la cascade unit, dans une chute immense,
Son éternelle plainte au chant de la romance.

Âmes des Chevaliers, revenez-vous encor?
Est-ce vous qui parlez avec la voix du Cor?
Roncevaux! Roncevaux! Dans ta sombre vallée
L'ombre du grand Roland n'est donc pas consolée!

II

Tous les preux étaient morts, mais aucun n'avait fui.
Il reste seul debout, Olivier près de lui,
L'Afrique sur les monts l'entoure et tremble encore.
« Roland, tu vas mourir, rends-toi, criait le More;

Tous tes Pairs sont couchés dans les eaux des torrents. »
Il rugit comme un tigre, et dit: « Si je me rends,
Africain, ce sera lorsque les Pyrénées
Sur l'onde avec leurs corps rouleront entraînées.

– Rends-toi donc, répond-il, ou meurs, car les voilà. »
Et du plus haut des monts un grand rocher roula.
Il bondit, il roula jusqu'au fond de l'abîme,
Et de ses pins, dans l'onde, il vint briser la cime.

« Merci, cria Roland ; tu m'as fait un chemin. »
Et jusqu'au pied des monts le roulant d'une main,
Sur le roc affermi comme un géant s'élance,
Et, prête à fuir, l'armée à ce seul pas balance.

III

Tranquilles cependant, Charlemagne et ses preux
Descendaient la montagne et se parlaient entre eux.
À l'horizon déjà, par leurs eaux signalées,
De Luz et d'Argelès se montraient les vallées.

L'armée applaudissait. Le luth du troubadour
S'accordait pour chanter les saules de l'Adour ;
Le vin français coulait dans la coupe étrangère ;
Le soldat, en riant, parlait à la bergère.

Roland gardait les monts ; tous passaient sans effroi.
Assis nonchalamment sur un noir palefroi
Qui marchait revêtu de housses violettes,
Turpin disait, tenant les saintes amulettes :

« Sire, on voit dans le ciel des nuages de feu ;
Suspendez votre marche ; il ne faut tenter Dieu.
Par monsieur saint Denis, certes ce sont des âmes
Qui passent dans les airs sur ces vapeurs de flammes.

Deux éclairs ont relui, puis deux autres encor. »
Ici l'on entendit le son lointain du Cor. –
L'Empereur étonné, se jetant en arrière,
Suspend du destrier la marche aventurière.

« Entendez-vous ! dit-il. – Oui, ce sont des pasteurs
Rappelant les troupeaux épars sur les hauteurs,
Répondit l'archevêque, ou la voix étouffée
Du nain vert Obéron qui parle avec sa Fée. »

Et l'Empereur poursuit ; mais son front soucieux
Est plus sombre et plus noir que l'orage des cieux.
Il craint la trahison, et, tandis qu'il y songe,
Le Cor éclate et meurt, renaît et se prolonge.

« Malheur ! c'est mon neveu ! malheur ! car si Roland
Appelle à son secours, ce doit être en mourant.
Arrière, chevaliers, repassons la montagne !
Tremble encor sous nos pieds, sol trompeur de
[l'Espagne ! »

IV

Sur le plus haut des monts s'arrêtent les chevaux;
L'écume les blanchit; sous leurs pieds, Roncevaux
Des feux mourants du jour à peine se colore.
À l'horizon lointain fuit l'étendard du More.

« Turpin, n'as-tu rien vu dans le fond du torrent?
– J'y vois deux chevaliers: l'un mort, l'autre expirant.
Tous deux sont écrasés sous une roche noire;
Le plus fort, dans sa main, élève un Cor d'ivoire,
Son âme en s'exhalant nous appela deux fois. »

Dieu! que le son du Cor est triste au fond des bois!

ALFRED DE VIGNY – *POÈMES ANTIQUES ET MODERNES,* 1826

La vie humble

La vie humble aux travaux ennuyeux et faciles
Est une œuvre de choix qui veut beaucoup d'amour.
Rester gai quand le jour, triste, succède au jour,
Être fort, et s'user en circonstances viles,

N'entendre, n'écouter aux bruits des grandes villes
Que l'appel, ô mon Dieu, des cloches dans la tour,
Et faire un de ces bruits soi-même, cela pour
L'accomplissement vil de tâches puériles,

Dormir chez les pêcheurs étant un pénitent,
N'aimer que le silence et converser pourtant,
Le temps si grand dans la patience si grande,

Le scrupule naïf aux repentirs têtus,
Et tous ces soins autour de ces pauvres vertus !
– Fi, dit l'Ange Gardien, de l'orgueil qui marchande !

Paul Verlaine – *Sagesse,* 1881

L'expiation

Il neigeait. On était vaincu par sa conquête.
Pour la première fois l'aigle baissait la tête.
Sombres jours ! l'empereur revenait lentement,
Laissant derrière lui brûler Moscou fumant.
Il neigeait. L'âpre hiver fondait en avalanche.
Après la plaine blanche une autre plaine blanche.
On ne connaissait plus les chefs ni le drapeau.
Hier la grande armée, et maintenant troupeau.
On ne distinguait plus les ailes ni le centre.
Il neigeait. Les blessés s'abritaient dans le ventre
Des chevaux morts ; au seuil des bivouacs désolés
On voyait des clairons à leur poste gelés,
Restés debout, en selle et muets, blancs de givre,
Collant leur bouche en pierre aux trompettes de cuivre.
Boulets, mitraille, obus, mêlés aux flocons blancs,
Pleuvaient ; les grenadiers, surpris d'être tremblants,
Marchaient pensifs, la glace à leur moustache grise.
Il neigeait, il neigeait toujours ! La froide bise
Sifflait ; sur le verglas, dans des lieux inconnus,
On n'avait pas de pain et l'on allait pieds nus.
Ce n'étaient plus des cœurs vivants, des gens de guerre :
C'était un rêve errant dans la brume, un mystère,
Une procession d'ombres sous le ciel noir.

La solitude vaste, épouvantable à voir,
Partout apparaissait, muette vengeresse.
Le ciel faisait sans bruit avec la neige épaisse
Pour cette immense armée un immense linceul.
Et chacun se sentant mourir, on était seul.
– Sortira-t-on jamais de ce funeste empire ?
Deux ennemis ! le czar, le nord. Le nord est pire.
On jetait les canons pour brûler les affûts.
Qui se couchait, mourait. Groupe morne et confus,
Ils fuyaient ; le désert dévorait le cortège.
On pouvait, à des plis qui soulevaient la neige,
Voir que des régiments s'étaient endormis là.
Ô chutes d'Annibal ! lendemains d'Attila !
Fuyards, blessés, mourants, caissons, brancards, civières,
On s'écrasait aux ponts pour passer les rivières,
On s'endormait dix mille, on se réveillait cent (…).

Victor Hugo – *Les Châtiments,* 1853

DE LA LÉGÈRETÉ

•

Avant que tu ne t'en ailles

Avant que tu ne t'en ailles,
Pâle étoile du matin,
– Mille cailles
Chantent, chantent dans le thym. –

Tourne devers le poète,
Dont les yeux sont pleins d'amour ;
– L'alouette
Monte au ciel avec le jour. –

Tourne ton regard que noie
L'aurore dans son azur ;
– Quelle joie
Parmi les champs de blé mûr ! –

Puis fais luire ma pensée
Là-bas – bien loin, oh, bien loin !
– La rosée
Gaîment brille sur le foin. –

Dans le doux rêve où s'agite
Ma mie endormie encor…
– Vite, vite,
Car voici le soleil d'or. –

Paul Verlaine – *La Bonne Chanson,* 1870

D'un vanneur de blé aux vents

À vous, troupe légère,
Qui d'aile passagère
Par le monde volez,
Et d'un sifflant murmure
L'ombrageuse verdure
Doucement ébranlez,

J'offre ces violettes,
Ces lis et ces fleurettes,
Et ces roses ici,
Ces vermeillettes roses,
Tout fraîchement écloses,
Et ces œillets aussi.

De votre douce haleine
Éventez cette plaine,
Éventez ce séjour,
Cependant que j'ahanne
À mon blé que je vanne
À la chaleur du jour.

Joachim Du Bellay – *Divers jeux rustiques,* 1558

Celui qui entre par hasard

Celui qui entre par hasard dans la demeure d'un poète
Ne sait pas que les meubles ont pouvoir sur lui
Que chaque nœud du bois renferme davantage
De cris d'oiseaux que tout le cœur de la forêt
Il suffit qu'une lampe pose son cou de femme
À la tombée du soir contre un angle verni
Pour délivrer soudain mille peuples d'abeilles
Et l'odeur de pain frais des cerisiers fleuris
Car tel est le bonheur de cette solitude
Qu'une caresse toute plate de la main
Redonne à ces grands meubles noirs et taciturnes
La légèreté d'un arbre dans le matin.

René Guy Cadou – *Les Biens de ce monde,* 1950

Mai

Le mai le joli mai en barque sur le Rhin
Des dames regardaient du haut de la montagne
Vous êtes si jolies mais la barque s'éloigne
Qui donc a fait pleurer les saules riverains

Or des vergers fleuris se figeaient en arrière
Les pétales tombés des cerisiers de mai
Sont les ongles de celle que j'ai tant aimée
Les pétales flétris sont comme ses paupières

Sur le chemin du bord du fleuve lentement
Un ours un singe un chien menés par des tziganes
Suivaient une roulotte traînée par un âne
Tandis que s'éloignait dans les vignes rhénanes
Sur un fifre lointain un air de régiment

Le mai le joli mai a paré les ruines
De lierre de vigne vierge et de rosiers
Le vent du Rhin secoue sur le bord les osiers
Et les roseaux jaseurs et les fleurs nues des vignes

Guillaume Apollinaire – *Alcools*, 1913

Rondel

Il fait noir, enfant, voleur d'étincelles !
Il n'est plus de nuits, il n'est plus de jours ;
Dors... en attendant venir toutes celles
Qui disaient : Jamais ! Qui disaient : Toujours !

Entends-tu leurs pas ?... Ils ne sont pas lourds :
Oh ! les pieds légers ! – l'Amour a des ailes...
Il fait noir, enfant, voleur d'étincelles !
Entends-tu leurs voix ?... Les caveaux sont sourds.

Dors : il pèse peu, ton faix d'immortelles ;
Ils ne viendront pas, tes amis les ours,
Jeter leur pavé sur tes demoiselles...
Il fait noir, enfant, voleur d'étincelles !

Tristan Corbière – *Les Amours jaunes,* 1873

Nuit rhénane

Mon verre est plein d'un vin trembleur comme
[une flamme
Écoutez la chanson lente d'un batelier
Qui raconte avoir vu sous la lune sept femmes
Tordre leurs cheveux verts et longs jusqu'à leurs pieds

Debout chantez plus haut en dansant une ronde
Que je n'entende plus le chant du batelier
Et mettez près de moi toutes les filles blondes
Au regard immobile aux nattes repliées

Le Rhin le Rhin est ivre où les vignes se mirent
Tout l'or des nuits tombe en tremblant s'y refléter
La voix chante toujours à en râle-mourir
Ces fées aux cheveux verts qui incantent l'été

Mon verre s'est brisé comme un éclat de rire

Guillaume Apollinaire – *Alcools*, 1913

DU VAGUE À L'ÂME

•

Ô ma jeunesse abandonnée

Ô ma jeunesse abandonnée
Comme une guirlande fanée
Voici que s'en vient la saison
Et des dédains et du soupçon

Le paysage est fait de toiles
Il coule un faux fleuve de sang
Et sous l'arbre fleuri d'étoiles
Un clown est l'unique passant

Un froid rayon poudroie et joue
Sur les décors et sur ta joue
Un coup de revolver un cri
Dans l'ombre un portrait a souri La vitre du cadre est brisée
Un air qu'on ne peut définir
Hésite entre son et pensée
Entre avenir et souvenir

Ô ma jeunesse abandonnée
Comme une guirlande fanée
Voici que s'en vient la saison
Des regrets et de la raison

Guillaume Apollinaire – *Vitam impendere amori,* 1917

Gaspard Hauser chante :

Je suis venu, calme orphelin,
Riche de mes seuls yeux tranquilles,
Vers les hommes des grandes villes :
Ils ne m'ont pas trouvé malin.

À vingt ans un trouble nouveau
Sous le nom d'amoureuses flammes
M'a fait trouver belles les femmes :
Elles ne m'ont pas trouvé beau.

Bien que sans patrie et sans roi
Et très brave ne l'étant guère,
J'ai voulu mourir à la guerre :
La mort n'a pas voulu de moi.

Suis-je né trop tôt ou trop tard ?
Qu'est-ce que je fais en ce monde ?
Ô vous tous, ma peine est profonde :
Priez pour le pauvre Gaspard !

PAUL VERLAINE – *SAGESSE*, 1880

L'Ennemi

Ma jeunesse ne fut qu'un ténébreux orage,
Traversé çà et là par de brillants soleils ;
Le tonnerre et la pluie ont fait un tel ravage,
Qu'il reste en mon jardin bien peu de fruits vermeils.

Voilà que j'ai touché l'automne des idées,
Et qu'il faut employer la pelle et les râteaux
Pour rassembler à neuf les terres inondées,
Où l'eau creuse des trous grands comme des tombeaux.

Et qui sait si les fleurs nouvelles que je rêve
Trouveront dans ce sol lavé comme une grève
Le mystique aliment qui ferait leur vigueur ?

– Ô douleur ! ô douleur ! Le Temps mange la vie,
Et l'obscur Ennemi qui nous ronge le cœur
Du sang que nous perdons croît et se fortifie !

Charles Baudelaire – *Les Fleurs du mal*, 1857

Complainte Rutebeuf

Que sont mes amis devenus
Que j'avais de si près tenus
Et tant aimés ?
Je crois qu'ils sont trop clairsemés ;
Ils ne furent point entretenus
Puisqu'ils sont partis.
Ces amis m'ont bien peiné
Car jamais, quand Dieu m'a mis à l'épreuve
De tous côtés,
Je n'en vis un seul en ma maison.
Je crois que le vent les a dispersés,
L'amour est morte.
Ce sont amis que vent emporte,
Et il ventait devant ma porte,
Les emporta

Rutebeuf

En la forêt d'ennuyeuse tristesse

En la forêt d'ennuyeuse tristesse,
Un jour il m'advint alors que seul cheminant,
Je rencontrai l'amoureuse déesse.
Qui m'appela demandant où j'allais.
Je répondis que par hasard j'étais
En ce bois depuis longtemps exilé
Et qu'à bon droit on pouvait m'appeler
L'homme égaré qui ne sait où il va.

En souriant, par grande gentillesse,
Elle me dit : « Ami, si je savais
Pourquoi tu es mis en cette détresse,
Par mon pouvoir volontiers je t'aiderais
Car jadis je mis ton cœur sur la voie
De tout plaisir, j'ignore qui l'en ôta.
Il me déplaît qu'à présent je te voie
L'homme égaré qui ne sait où il va.

« Hélas ! », dis-je « souveraine princesse,
Vous connaissez ma vie, pourquoi vous la conterais-je ?
C'est par la mort qui à tous fait rudesse,
Qui m'a volé celle que j'aimais,
En qui était tout l'espoir que j'avais,
Qui me guidait, si bien m'accompagna
De son vivant ; que point ne me trouvais
L'homme égaré qui ne sait où il va. »

Envoi

Aveugle suis, je ne sais où je dois aller :
De mon bâton, pour point que je ne m'égare,
Je vais tâtant mon chemin çà et là ;
C'est grande pitié qu'il convient que je sois
L'homme égaré qui ne sait pas où il va…

CHARLES D'ORLÉANS – *RONDEAUX*, 1465

L'Épitaphe de Villon ou « Ballade des pendus »

Frères humains, qui après nous vivez,
N'ayez les cœurs contre nous endurcis,
Car, si pitié de nous pauvres avez,
Dieu en aura plus tôt de vous merci.
Vous nous voyez ci attachés, cinq, six :
Quant à la chair, que trop avons nourrie,
Elle est piéça dévorée et pourrie,
Et nous, les os, devenons cendre et poudre.
De notre mal personne ne s'en rie ;
Mais priez Dieu que tous nous veuille absoudre !

Si frères nous vous appelons, vous ne devez pas
Avoir dédain, quoique fûmes occis
Par justice. Toutefois, vous savez
Que tous hommes n'ont pas bon sens rassis.
Excusez-nous, puisque sommes transis,
Envers le fils de la Vierge Marie,
Que sa grâce ne soit pour nous tarie,
Nous préservant de l'infernale foudre.
Nous sommes morts, qu'aucune âme ne nous
[tourmente,
Mais priez Dieu que tous nous veuille absoudre !

La pluie nous a débués et lavés,
Et le soleil desséchés et noircis.
Pies, corbeaux nous ont les yeux cavés,
Et arraché la barbe et les sourcils.
Jamais nul temps nous ne sommes assis
Puis çà, puis là, comme le vent varie,
À son plaisir sans cesser nous charrie,
Plus becquetés d'oiseaux que dés à coudre.
Ne soyez donc de notre confrérie ;
Mais priez Dieu que tous nous veuille absoudre !

Prince Jésus, qui sur tous a maistrie,
Garde qu'Enfer n'ait de nous seigneurie :
À lui n'ayons que faire ne que soudre.
Hommes, ici n'a point de moquerie ;
Mais priez Dieu que tous nous veuille absoudre !

François Villon – *Le Testament,* 1461

Une allée du Luxembourg

Elle a passé, la jeune fille
Vive et preste comme un oiseau
À la main une fleur qui brille,
À la bouche un refrain nouveau.

C'est peut-être la seule au monde
Dont le cœur au mien répondrait,
Qui venant dans ma nuit profonde
D'un seul regard l'éclaircirait!

Mais non, – ma jeunesse est finie...
Adieu, doux rayon qui m'as lui, -
Parfum, jeune fille, harmonie...
Le bonheur passait, – il a fui!

GÉRARD DE NERVAL – *ODELETTES,* 1832

Le Cid

Don Rodrigue

Percé jusques au fond du cœur
D'une atteinte imprévue aussi bien que mortelle,
Misérable vengeur d'une juste querelle,
Et malheureux objet d'une injuste rigueur,
Je demeure immobile, et mon âme abattue
Cède au coup qui me tue.
Si près de voir mon feu récompensé,
Ô Dieu, l'étrange peine!
En cet affront mon père est l'offensé,
Et l'offenseur le père de Chimène!

Que je sens de rudes combats !
Contre mon propre honneur mon amour s'intéresse :
Il faut venger un père, et perdre une maîtresse :
L'un m'anime le cœur, l'autre retient mon bras.
Réduit au triste choix ou de trahir ma flamme,
Ou de vivre en infâme,
Des deux côtés mon mal est infini.
Ô Dieu, l'étrange peine !
Faut-il laisser un affront impuni ?
Faut-il punir le père de Chimène ?

Père, maîtresse, honneur, amour,
Noble et dure contrainte, aimable tyrannie,
Tous mes plaisirs sont morts, ou ma gloire ternie.
L'un me rend malheureux, l'autre indigne du jour.
Cher et cruel espoir d'une âme généreuse,
Mais ensemble amoureuse,
Digne ennemi de mon plus grand bonheur,
Fer qui causes ma peine,
M'es-tu donné pour venger mon honneur ?
M'es-tu donné pour perdre ma Chimène ?

Il vaut mieux courir au trépas.
Je dois à ma maîtresse aussi bien qu'à mon père :
J'attire en me vengeant sa haine et sa colère ;
J'attire ses mépris en ne me vengeant pas.
À mon plus doux espoir l'un me rend infidèle,
Et l'autre indigne d'elle.
Mon mal augmente à le vouloir guérir ;
Tout redouble ma peine.
Allons, mon âme ; et puisqu'il faut mourir,
Mourons du moins sans offenser Chimène.

Mourir sans tirer ma raison !
Rechercher un trépas si mortel à ma gloire !
Endurer que l'Espagne impute à ma mémoire
D'avoir mal soutenu l'honneur de ma maison !
Respecter un amour dont mon âme égarée
Voit la perte assurée !
N'écoutons plus ce penser suborneur,
Qui ne sert qu'à ma peine.
Allons, mon bras, sauvons du moins l'honneur,
Puisqu'après tout il faut perdre Chimène.

Oui, mon esprit s'était déçu.
Je dois tout à mon père avant qu'à ma maîtresse :
Que je meure au combat, ou meure de tristesse,
Je rendrai mon sang pur comme je l'ai reçu.
Je m'accuse déjà de trop de négligence :
Courons à la vengeance ;
Et tout honteux d'avoir tant balancé,
Ne soyons plus en peine,
Puisqu'aujourd'hui mon père est l'offensé,
Si l'offenseur est père de Chimène.

Pierre Corneille – *Le Cid*, acte I, scène VI, 1637

Épitaphe

Il a vécu tantôt gai comme un sansonnet,
Tour à tour amoureux insoucieux et tendre,
Tantôt sombre et rêveur comme un triste Clitandre.
Un jour il entendit qu'à sa porte on sonnait.

C'était la Mort ! Alors il la pria d'attendre
Qu'il eût posé le point à son dernier sonnet ;
Et puis sans s'émouvoir, il s'en alla s'étendre
Au fond du coffre froid où son corps frissonnait.

Il était paresseux, à ce que dit l'histoire,
Il laissait trop sécher l'encre dans l'écritoire. Il
voulait tout savoir mais il n'a rien connu.

Et quand vint le moment où, las de cette vie,
Un soir d'hiver, enfin l'âme lui fut ravie,
Il s'en alla disant : Pourquoi suis-je venu ?

GÉRARD DE NERVAL – *POÉSIES DIVERSES*, 1877

Comme on voit sur la branche au mois de mai la rose

Sur la mort de Marie

Comme on voit sur la branche au mois de mai la rose,
En sa belle jeunesse, en sa première fleur,
Rendre le ciel jaloux de sa vive couleur,
Quand l'Aube de ses pleurs au point du jour l'arrose ;

La grâce dans sa feuille, et l'amour se repose,
Embaumant les jardins et les arbres d'odeur ;
Mais battue, ou de pluie, ou d'excessive ardeur,
Languissante elle meurt, feuille à feuille déclose.

Ainsi en ta première et jeune nouveauté,
Quand la terre et le ciel honoraient ta beauté,
La Parque t'a tuée, et cendres tu reposes.

Pour obsèques reçois mes larmes et mes pleurs,
Ce vase plein de lait, ce panier plein de fleurs,
Afin que vif et mort, ton corps ne soit que roses.

Pierre de Ronsard – *Second livre des Amours,* 1578

Il va neiger…

Il va neiger dans quelques jours. Je me souviens
de l'an dernier. Je me souviens de mes tristesses
au coin du feu. Si l'on m'avait demandé : qu'est-ce ?
J'aurais dit : laissez-moi tranquille. Ce n'est rien.

J'ai bien réfléchi, l'année avant, dans ma chambre,
pendant que la neige lourde tombait dehors.
J'ai réfléchi pour rien. À présent comme alors
je fume une pipe en bois avec un bout d'ambre.

Ma vieille commode en chêne sent toujours bon.
Mais moi j'étais bête parce que ces choses
ne pouvaient pas changer et que c'est une pose
de vouloir chasser les choses que nous savons.

Pourquoi donc pensons-nous et parlons-nous?
[C'est drôle;
nos larmes et nos baisers, eux, ne parlent pas
et cependant nous les comprenons, et les pas
d'un ami sont plus doux que de douces paroles.

On a baptisé les étoiles sans penser
qu'elles n'avaient pas besoin de nom, et les nombres
qui prouvent que les belles comètes dans l'ombre
passeront, ne les forceront pas à passer.

Et maintenant même, où sont mes vieilles tristesses
de l'an dernier? À peine si je m'en souviens.
Je dirais: laissez-moi tranquille, ce n'est rien,
si dans ma chambre on venait me demander: qu'est-ce?

Francis Jammes – *De l'angélus de l'aube à l'angélus du soir*, 1898

Automne

Dans le brouillard s'en vont un paysan cagneux
Et son bœuf lentement dans le brouillard d'automne
Qui cache les hameaux pauvres et vergogneux

Et s'en allant là-bas le paysan chantonne
Une chanson d'amour et d'infidélité
Qui parle d'une bague et d'un cœur que l'on brise

Oh ! l'automne l'automne a fait mourir l'été
Dans le brouillard s'en vont deux silhouettes grises

GUILLAUME APOLLINAIRE – *ALCOOLS,* 1913

Dans l'interminable ennui de la plaine

Dans l'interminable
Ennui de la plaine
La neige incertaine
Luit comme du sable.

Le ciel est de cuivre
Sans lueur aucune.
On croirait voir vivre
Et mourir la lune.

Comme les nuées
Flottent gris les chênes
Des forêts prochaines
Parmi les buées.

Le ciel est de cuivre
Sans lueur aucune.
On croirait voir vivre
Et mourir la Lune.

Corneille poussive
Et vous, les loups maigres,
Par ces bises aigres
Quoi donc vous arrive ?

Dans l'interminable
Ennui de la plaine
La neige incertaine
Luit comme du sable.

PAUL VERLAINE – *ROMANCES SANS PAROLES,* 1874

J'écris pour que le jour

J'écris pour que le jour où je ne serai plus
On sache comme l'air et le plaisir m'ont plu
Et que mon livre porte à la foule future
Combien j'aimais la vie et l'heureuse Nature.

Attentive aux travaux des champs et des maisons
J'ai marqué chaque jour la forme des saisons,
Parce que l'eau, la terre, et la montante flamme
En nul endroit ne sont si belles qu'en mon âme!

J'ai dit ce que j'ai vu et ce que j'ai senti
D'un cœur pour qui le vrai ne fut point trop hardi
Et j'ai eu cette ardeur, par l'amour intimée,
Pour être après la mort, parfois encore aimée,

Et qu'un jeune homme, alors, lisant ce que j'écris
Sentant par moi son cœur ému, troublé, surpris,
Ayant tout oublié des épouses réelles,
M'accueille dans son âme et me préfère à elles.

Anna de Noailles – *L'Ombre des jours*, 1902

DE LA COULEUR

•

Premièrement

La terre est bleue comme une orange
Jamais une erreur les mots ne mentent pas
Ils ne vous donnent plus à chanter
Au tour des baisers de s'entendre
Les fous et les amours
Elle sa bouche d'alliance
Tous les secrets tous les sourires
Et quels vêtements d'indulgence
À la croire toute nue
Les guêpes fleurissent vert
L'aube se passe autour du cou
Un collier de fenêtres
Des ailes couvrent les feuilles
Tu as toutes les joies solaires
Tout le soleil sur la terre
Sur les chemins de ta beauté.

Paul Éluard – *L'Amour la poésie*, 1929

L'étoile a pleuré rose…

L'étoile a pleuré rose au cœur de tes oreilles,
L'infini roulé blanc de ta nuque à tes reins;
La mer a perlé rousse à tes mammes vermeilles
Et l'Homme saigné noir à ton flanc souverain.

ARTHUR RIMBAUD – *POÉSIES,* 1871

Au Cabaret-Vert

cinq heures du soir

Depuis huit jours, j'avais déchiré mes bottines
Aux cailloux des chemins. J'entrais à Charleroi.
– Au Cabaret-Vert: je demandai des tartines
De beurre et du jambon qui fût à moitié froid.

Bienheureux, j'allongeai les jambes sous la table
Verte: je contemplai les sujets très naïfs
De la tapisserie. – Et ce fut adorable,
Quand la fille aux tétons énormes, aux yeux vifs,

– Celle-là, ce n'est pas un baiser qui l'épeure ! –
Rieuse, m'apporta des tartines de beurre,
Du jambon tiède, dans un plat colorié,

Du jambon rose et blanc parfumé d'une gousse
D'ail, – et m'emplit la chope immense, avec sa mousse
Que dorait un rayon de soleil arriéré.

Arthur Rimbaud - Octobre 1870

À une robe rose

Que tu me plais dans cette robe
Qui te déshabille si bien,
Faisant jaillir ta gorge en globe,
Montrant tout nu ton bras païen !

Frêle comme une aile d'abeille,
Frais comme un cœur de rose-thé,
Son tissu, caresse vermeille,
Voltige autour de ta beauté.

De l'épiderme sur la soie
Glissent des frissons argentés,
Et l'étoffe à la chair renvoie
Ses éclairs roses reflétés.

D'où te vient cette robe étrange
Qui semble faite de ta chair,
Trame vivante qui mélange
Avec ta peau son rose clair ?

Est-ce à la rougeur de l'aurore,
À la coquille de Vénus,
Au bouton de sein près d'éclore,
Que sont pris ces tons inconnus ?

Ou bien l'étoffe est-elle teinte
Dans les roses de ta pudeur ?
Non ; vingt fois modelée et peinte,
Ta forme connaît sa splendeur.

Jetant le voile qui te pèse,
Réalité que l'art rêva,
Comme la princesse Borghèse
Tu poserais pour Canova.

Et ces plis roses sont les lèvres
De mes désirs inapaisés,
Mettant au corps dont tu les sèvres
Une tunique de baisers.

THÉOPHILE GAUTIER – *ÉMAUX ET CAMÉES*, 1852

Voyelles

A noir, E blanc, I rouge, U vert, O bleu : voyelles,
Je dirai quelque jour vos naissances latentes :
A, noir corset velu des mouches éclatantes
Qui bombinent autour des puanteurs cruelles,

Golfes d'ombre ; E, candeurs des vapeurs et des tentes,
Lances des glaciers fiers, rois blancs, frissons
[d'ombelles ;
I, pourpres, sang craché, rire des lèvres belles
Dans la colère ou les ivresses pénitentes ;

U, cycles, vibrements divins des mers virides,
Paix des pâtis semés d'animaux, paix des rides
Que l'alchimie imprime aux grands fronts studieux ;

O, suprême Clairon plein des strideurs étranges,
Silences traversés des Mondes et des Anges ;
– O l'Oméga, rayon violet de Ses Yeux !

Arthur Rimbaud – *Poésies complètes*, 1895

DE LA MISÈRE

•

La Rapsode foraine

Bénite est l'infertile plage
Où, comme la mer, tout est nud.
Sainte est la chapelle sauvage
De Sainte-Anne-de-la-Palud… (…)

Des paroisses environnantes :
De Plougastel et Loc-Tudy,
Ils viennent tous planter leurs tentes,
Trois nuits, trois jours – jusqu'au lundi. (…)

En aboyant, un rachitique
Secoue un moignon désossé,
Coudoyant un épileptique
Qui travaille dans un fossé.

Là, ce tronc d'homme où croît l'ulcère,
Contre un tronc d'arbre où croît le gui ;
Ici, c'est la fille et la mère
Dansant la danse de Saint-Guy.

Cet autre pare le cautère
De son petit enfant malsain :
– L'enfant se doit à son vieux père…
– Et le chancre est un gagne-pain !

Là, c'est l'idiot de naissance,
Un visité par Gabriel,
Dans l'extase de l'innocence…
– L'innocent est près du ciel ! – (…)

Mais une note pantelante,
Écho grelottant dans le vent
Vient battre la rumeur bêlante
De ce purgatoire ambulant.

Une forme humaine qui beugle
Contre le calvaire se tient ;
C'est comme une moitié d'aveugle :
Elle est borgne, et n'a pas de chien…

C'est une rapsode foraine
Qui donne aux gens pour un liard
L'Istoyre de la Magdalayne,
Du Juif-Errant ou d'Abaylar.

Elle hâle comme une plainte,
Comme une plainte de la faim,
Et, longue comme un jour sans pain,
Lamentablement, sa complainte…

– Ça chante comme ça respire,
Triste oiseau sans plume et sans nid
Vaguant où son instinct l'attire :
Autour des Bon-Dieu de granit…

Ça peut parler aussi, sans doute.
Ça peut penser comme ça voit :
Toujours devant soi la grand'route…
– Et, quand ç'a deux sous… ça les boit.

– Femme : on dirait hélas – sa nippe
Lui pend, ficelée en jupon ;
Sa dent noire serre une pipe
Éteinte… – Oh, la vie a du bon ! –

Son nom… ça se nomme Misère.
Ça s'est trouvé né par hasard.
Ça sera trouvé mort par terre…
La même chose – quelque part.

– Si tu la rencontres, Poète,
Avec son vieux sac de soldat :
C'est notre sœur… donne – c'est fête
Pour sa pipe, un peu de tabac !…

Tu verras dans sa face creuse
Se creuser, comme dans du bois,
Un sourire ; et sa main galeuse
Te faire un vrai signe de croix

Tristan Corbière – *Les Amours jaunes*, 1873

Les effarés

Noirs dans la neige et dans la brume,
Au grand soupirail qui s'allume,
Leurs culs en rond,

À genoux, cinq petits, – misère ! –
Regardent le Boulanger faire
Le lourd pain blond.

Ils voient le fort bras blanc qui tourne
La pâte grise et qui l'enfourne
Dans un trou clair.

Ils écoutent le bon pain cuire.
Le boulanger au gras sourire
Grogne un vieil air.

Ils sont blottis, pas un ne bouge,
Au souffle du soupirail rouge
Chaud comme un sein.

Quand pour quelque médianoche,
Façonné comme une brioche
On sort le pain,

Quand, sous les poutres enfumées,
Chantent les croûtes parfumées
Et les grillons,

Que ce trou chaud souffle la vie,
Ils ont leur âme si ravie
Sous leurs haillons,

Ils se ressentent si bien vivre,
Les pauvres Jésus pleins de givre,
Qu'ils sont là tous,

Collant leurs petits museaux roses
Au treillage, grognant des choses
Entre les trous,

Tout bêtes, faisant leurs prières
Et repliés vers ces lumières
Du ciel rouvert,

Si fort qu'ils crèvent leur culotte
Et que leur chemise tremblote
Au vent d'hiver.

ARTHUR RIMBAUD – *POÉSIES COMPLÈTES,* 1895

Les pauvres à l'église

Parqués entre des bancs de chêne, aux coins d'église
Qu'attiédit puamment leur souffle, tous leurs yeux
Vers le chœur ruisselant d'orrie et la maîtrise
Aux vingt gueules gueulant les cantiques pieux ;

Comme un parfum de pain humant l'odeur de cire,
Heureux, humiliés comme des chiens battus,
Les Pauvres au bon Dieu, le patron et le sire,
Tendent leurs oremus risibles et têtus.

Aux femmes, c'est bien bon de faire des bancs lisses,
Après les six jours noirs où Dieu les fait souffrir!
Elles bercent, tordus dans d'étranges pelisses,
Des espèces d'enfants qui pleurent à mourir.

Leurs seins crasseux dehors, ces mangeuses de soupe,
Une prière aux yeux et ne priant jamais,
Regardent parader mauvaisement un groupe
De gamines avec leurs chapeaux déformés.

Dehors, le froid, la faim, l'homme en ribote:
C'est bon. Encore une heure; après, les maux sans
[noms!
– Cependant, alentour, geint, nasille, chuchote
Une collection de vieilles à fanons:

Ces effarés y sont et ces épileptiques
Dont on se détournait hier aux carrefours;
Et, fringalant du nez dans des missels antiques,
Ces aveugles qu'un chien introduit dans les cours.

Et tous, bavant la foi mendiante et stupide,
Récitent la complainte infinie à Jésus,
Qui rêve en haut, jauni par le vitrail livide,
Loin des maigres mauvais et des méchants pansus,

Loin des senteurs de viande et d'étoffes moisies,
Farce prostrée et sombre aux gestes repoussants ;
– Et l'oraison fleurit d'expressions choisies,
Et les mysticités prennent des tons pressants,

Quand, des nefs où périt le soleil, plis de soie
Banals, sourires verts, les Dames des quartiers
Distingués, – ô Jésus ! – les malades du foie
Font baiser leurs longs doigts jaunes aux bénitiers.

ARTHUR RIMBAUD – *POÉSIES COMPLÈTES,* 1895

DES ANIMAUX

•

Complainte du petit cheval blanc

Le petit cheval dans le mauvais temps, qu'il avait
donc du courage ! C'était un petit cheval blanc,
tous derrière et lui devant.

Il n'y avait jamais de beau temps dans ce pauvre
paysage. Il n'y avait jamais de printemps,
ni derrière ni devant.

Mais toujours il était content, menant les gars
du village, à travers la pluie noire des champs,
tous derrière et lui devant.

Sa voiture allait poursuivant sa belle petite queue
sauvage. C'est alors qu'il était content,
eux derrière et lui devant.

Mais un jour, dans le mauvais temps, un jour qu'il
était si sage, il est mort par un éclair blanc,
tous derrière et lui devant.
Il est mort sans voir le beau temps, qu'il avait donc
du courage ! Il est mort sans voir le printemps
ni derrière ni devant.

PAUL FORT – *BALLADES FRANÇAISES,* 1910

Le chat

Je souhaite dans ma maison :
Une femme ayant sa raison,
Un chat passant parmi les livres,
Des amis en toute saison
Sans lesquels je ne peux pas vivre.

Guillaume Apollinaire – *Le Bestiaire ou Cortège d'Orphée*, 1911

La biche

La biche brame au clair de lune
Et pleure à se fondre les yeux :
Son petit faon délicieux
A disparu dans la nuit brune.

Pour raconter son infortune
À la forêt de ses aïeux,
La biche brame au clair de lune
Et pleure à se fondre les yeux.

Mais aucune réponse, aucune,
À ses longs appels anxieux!
Et le cou tendu vers les cieux,
Folle d'amour et de rancune,
La biche brame au clair de lune.

MAURICE ROLLINAT – *LES NÉVROSES*, 1883

Le vierge, le vivace et le bel aujourd'hui…

Le vierge, le vivace et le bel aujourd'hui
Va-t-il nous déchirer avec un coup d'aile ivre
Ce lac dur oublié que hante sous le givre
Le transparent glacier des vols qui n'ont pas fui!

Un cygne d'autrefois se souvient que c'est lui
Magnifique mais qui sans espoir se délivre
Pour n'avoir pas chanté la région où vivre
Quand du stérile hiver a resplendi l'ennui.

Tout son col secouera cette blanche agonie
Par l'espace infligée à l'oiseau qui le nie,
Mais non l'horreur du sol où le plumage est pris.

Fantôme qu'à ce lieu son pur éclat assigne,
Il s'immobilise au songe froid de mépris
Que vêt parmi l'exil inutile le Cygne.

Stéphane Mallarmé – *Poésies*, 1899

Le Loup et le Chien

Un Loup n'avait que les os et la peau,
Tant les chiens faisaient bonne garde.
Ce Loup rencontre un Dogue aussi puissant que beau,
Gras, poli, qui s'était fourvoyé par mégarde.
L'attaquer, le mettre en quartiers,
Sire Loup l'eût fait volontiers ;
Mais il fallait livrer bataille,
Et le Mâtin était de taille
À se défendre hardiment.
Le Loup donc l'aborde humblement,
Entre en propos, et lui fait compliment
Sur son embonpoint, qu'il admire.
« Il ne tiendra qu'à vous beau sire,
D'être aussi gras que moi, lui repartit le Chien.
Quittez les bois, vous ferez bien :
Vos pareils y sont misérables,
Cancres, hères, et pauvres diables,
Dont la condition est de mourir de faim.

Car quoi ? rien d'assuré : point de franche lippée :
Tout à la pointe de l'épée.
Suivez-moi : vous aurez un bien meilleur destin. »
Le Loup reprit : « Que me faudra-t-il faire ?
– Presque rien, dit le Chien, donner la chasse aux gens
Portants bâtons, et mendiants ;
Flatter ceux du logis, à son Maître complaire :
Moyennant quoi votre salaire
Sera force reliefs de toutes les façons :
Os de poulets, os de pigeons,
Sans parler de mainte caresse. »
Le Loup déjà se forge une félicité
Qui le fait pleurer de tendresse.
Chemin faisant, il vit le col du Chien pelé.
« Qu'est-ce là ? lui dit-il. – Rien. – Quoi ? rien ?
[– Peu de chose.
– Mais encor ? – Le collier dont je suis attaché
De ce que vous voyez est peut-être la cause.
– Attaché ? dit le Loup : vous ne courez donc pas
Où vous voulez ? – Pas toujours ; mais qu'importe ?
– Il importe si bien, que de tous vos repas
Je ne veux en aucune sorte,
Et ne voudrais pas même à ce prix un trésor. »
Cela dit, maître Loup s'enfuit, et court encor.

Jean de La Fontaine – *Fables,* livre I, 1668

Le Rat de ville et le Rat des champs

Autrefois le Rat de ville
Invita le Rat des champs,
D'une façon fort civile,
A des reliefs d'Ortolans.

Sur un Tapis de Turquie
Le couvert se trouva mis.
Je laisse à penser la vie
Que firent ces deux amis.

Le régal fut fort honnête,
Rien ne manquait au festin;
Mais quelqu'un troubla la fête
Pendant qu'ils étaient en train.

A la porte de la salle
Ils entendirent du bruit:
Le Rat de ville détale;
Son camarade le suit.

Le bruit cesse, on se retire:
Rats en campagne aussitôt;
Et le citadin de dire:
Achevons tout notre rôt.

– C’est assez, dit le rustique ;
Demain vous viendrez chez moi :
Ce n’est pas que je me pique
De tous vos festins de Roi ;

Mais rien ne vient m’interrompre :
Je mange tout à loisir.
Adieu donc ; fi du plaisir
Que la crainte peut corrompre.

Jean de La Fontaine – Fables, livre I (1668)

Les chats

Les amoureux fervents et les savants austères
Aiment également, dans leur mûre saison,
Les chats puissants et doux, orgueil de la maison,
Qui comme eux sont frileux et comme eux sédentaires.

Amis de la science et de la volupté,
Ils cherchent le silence et l'horreur des ténèbres ;
L'Érèbe les eût pris pour ses coursiers funèbres,
S'ils pouvaient au servage incliner leur fierté.

Ils prennent en songeant les nobles attitudes
Des grands sphinx allongés au fond des solitudes,
Qui semblent s'endormir dans un rêve sans fin ;

Leurs reins féconds sont pleins d'étincelles magiques,
Et des parcelles d'or, ainsi qu'un sable fin,
Étoilent vaguement leurs prunelles mystiques.

Charles Baudelaire – *Les Fleurs du mal*, 1857

DU LYRISME

•

L'Automne

Salut ! bois couronnés d'un reste de verdure !
Feuillages jaunissants sur les gazons épars !
Salut, derniers beaux jours ! Le deuil de la nature
Convient à la douleur et plaît à mes regards !

Je suis d'un pas rêveur le sentier solitaire,
J'aime à revoir encor, pour la dernière fois,
Ce soleil pâlissant, dont la faible lumière
Perce à peine à mes pieds l'obscurité des bois !

Oui, dans ces jours d'automne où la nature expire,
À ses regards voilés, je trouve plus d'attraits,
C'est l'adieu d'un ami, c'est le dernier sourire
Des lèvres que la mort va fermer pour jamais !

Ainsi, prêt à quitter l'horizon de la vie,
Pleurant de mes longs jours l'espoir évanoui,
Je me retourne encore, et d'un regard d'envie
Je contemple ses biens dont je n'ai pas joui !

Terre, soleil, vallons, belle et douce nature,
Je vous dois une larme aux bords de mon tombeau ;
L'air est si parfumé ! la lumière est si pure !
Aux regards d'un mourant le soleil est si beau !

Je voudrais maintenant vider jusqu'à la lie
Ce calice mêlé de nectar et de fiel !
Au fond de cette coupe où je buvais la vie,
Peut-être restait-il une goutte de miel ?

Peut-être l'avenir me gardait-il encore
Un retour de bonheur dont l'espoir est perdu ?
Peut-être dans la foule, une âme que j'ignore
Aurait compris mon âme, et m'aurait répondu ?

La fleur tombe en livrant ses parfums au zéphire ;
À la vie, au soleil, ce sont là ses adieux ;
Moi, je meurs ; et mon âme, au moment qu'elle expire,
S'exhale comme un son triste et mélodieux.

Alphonse de Lamartine – *Méditations poétiques*, 1820

Élévation

Au-dessus des étangs, au-dessus des vallées,
Des montagnes, des bois, des nuages, des mers,
Par delà le soleil, par delà les éthers,
Par delà les confins des sphères étoilées,

Mon esprit, tu te meus avec agilité,
Et, comme un bon nageur qui se pâme dans l'onde,
Tu sillonnes gaiement l'immensité profonde
Avec une indicible et mâle volupté.

Envole-toi bien loin de ces miasmes morbides ;
Va te purifier dans l'air supérieur,
Et bois, comme une pure et divine liqueur,
Le feu clair qui remplit les espaces limpides.

Derrière les ennuis et les vastes chagrins
Qui chargent de leur poids l'existence brumeuse,
Heureux celui qui peut d'une aile vigoureuse
S'élancer vers les champs lumineux et sereins ;

Celui dont les pensers, comme des alouettes,
Vers les cieux le matin prennent un libre essor,
– Qui plane sur la vie, et comprend sans effort
Le langage des fleurs et des choses muettes!

CHARLES BAUDELAIRE – *LES FLEURS DU MAL,* 1857

Présentation de la Beauce à Notre-Dame de Chartres

Étoile de la mer voici la lourde nappe
Et la profonde houle et l'océan des blés
Et la mouvante écume et nos greniers comblés,
Voici votre regard sur cette immense chape

Et voici votre voix sur cette lourde plaine
Et nos amis absents et nos cœurs dépeuplés,
Voici le long de nous nos poings désassemblés
Et notre lassitude et notre force pleine.

Étoile du matin, inaccessible reine,
Voici que nous marchons vers votre illustre cour,
Et voici le plateau de notre pauvre amour,
Et voici l'océan de notre immense peine.

Un sanglot rôde et court par-delà l'horizon.
À peine quelques toits font comme un archipel.
Du vieux clocher retombe une sorte d'appel.
L'épaisse église semble une basse maison.

Ainsi nous naviguons vers votre cathédrale.
De loin en loin surnage un chapelet de meules,
Rondes comme des tours, opulentes et seules
Comme un rang de châteaux sur la barque amirale.

Deux mille ans de labeur ont fait de cette terre
Un réservoir sans fin pour les âges nouveaux.
Mille ans de votre grâce ont fait de ces travaux
Un reposoir sans fin pour l'âme solitaire. (…)

Charles Péguy – *La Tapisserie de Notre-Dame*, 1913

France, mère des arts, des armes et des lois

France, mère des arts, des armes et des lois,
Tu m'as nourri longtemps du lait de ta mamelle :
Ores, comme un agneau qui sa nourrice appelle,
Je remplis de ton nom les antres et les bois.

Si tu m'as pour enfant avoué quelquefois,
Que ne me réponds-tu maintenant, ô cruelle?
France, France, réponds à ma triste querelle.
Mais nul, sinon Écho, ne répond à ma voix.

Entre les loups cruels j'erre parmi la plaine,
Je sens venir l'hiver, de qui la froide haleine
D'une tremblante horreur fait hérisser ma peau.

Las, tes autres agneaux n'ont faute de pâture,
Ils ne craignent le loup, le vent ni la froidure:
Si ne suis-je pourtant le pire du troupeau.

JOACHIM DU BELLAY – *LES REGRETS*, 1558

Que la vie en vaut la peine

C'est une chose étrange à la fin que le monde
Un jour je m'en irai sans en avoir tout dit
Ces moments de bonheur ces midis d'incendie
La nuit immense et noire aux déchirures blondes

Rien n'est si précieux peut-être qu'on le croit
D'autres viennent ils ont le cœur que j'ai moi-même
Ils savent toucher l'herbe et dire je vous aime
Et rêver dans le soir où s'éteignent les voix (…)

Il y aura toujours un couple frémissant
Pour qui ce matin-là sera l'aube première
Il y aura toujours l'eau le vent la lumière
Rien ne passe après tout si ce n'est le passant

C'est une chose au fond que je ne puis comprendre
Cette peur de mourir que les gens ont en eux
Comme si ce n'était pas assez merveilleux
Que le ciel un moment nous ait paru si tendre (...)

Malgré tout je vous dis que cette vie fut telle
Qu'à qui voudra m'entendre à qui je parle ici
N'ayant plus sur la lèvre un seul mot que merci
Je dirai malgré tout que cette vie fut belle

Louis Aragon – *Les Yeux et la mémoire*, 1955

DE L'AMOUR TOUJOURS

•

Les cloches

Mon beau tzigane mon amant
Écoute les cloches qui sonnent
Nous nous aimions éperdument
Croyant n'être vus de personne

Mais nous étions bien mal cachés
Toutes les cloches à la ronde
Nous ont vus du haut des clochers
Et le disent à tout le monde

Demain Cyprien et Henri
Marie Ursule et Catherine
La boulangère et son mari
Et puis Gertrude ma cousine

Souriront quand je passerai
Je ne saurai plus où me mettre
Tu seras loin Je pleurerai
J'en mourrai peut-être

GUILLAUME APOLLINAIRE – *ALCOOLS*, 1913

Phèdre, à Œnone

Mon mal vient de plus loin. À peine au fils d'Egée
Sous les lois de l'hymen je m'étais engagée,
Mon repos, mon bonheur semblait être affermi,
Athènes me montra mon superbe ennemi.
Je le vis, je rougis, je pâlis à sa vue ;
Un trouble s'éleva dans mon âme éperdue ;
Mes yeux ne voyaient plus, je ne pouvais parler ;
Je sentis tout mon corps et transir et brûler ;
Je reconnus Vénus et ses feux redoutables,
D'un sang qu'elle poursuit tourments inévitables.
Par des vœux assidus, je crus les détourner :
Je lui bâtis un temple et pris soin de l'orner ;
De victimes moi-même à toute heure entourée,
Je cherchais dans leurs flancs ma raison égarée.
D'un incurable amour remèdes impuissants !
En vain sur les autels, ma main brûlait l'encens :
Quand ma bouche implorait le nom de la déesse,
J'adorais Hippolyte ; et le voyant sans cesse,
Même au pied des autels que je faisais fumer,
J'offrais tout à ce dieu que je n'osais nommer.
Je l'évitais partout. Ô comble de misère !
Mes yeux le retrouvaient dans les traits de son père.
Contre moi-même enfin, j'osai me révolter :

J'excitai mon courage à le persécuter.
Pour bannir l'ennemi dont j'étais idolâtre,
J'affectai les chagrins d'une injuste marâtre ;
Je pressai son exil, et mes cris éternels
L'arrachèrent du sein et des bras paternels.
Je respirai, Onon ; et depuis son absence,
Mes jours moins agités coulaient dans l'innocence,
Soumise à mon époux et cachant mes ennuis,
De son fatal hymen, je cultivais les fruits.
Vaines précautions ! Cruelle destinée !
Par mon époux lui-même à Trézène amenée,
J'ai revu l'ennemi que j'avais éloigné :
Ma blessure trop vive aussitôt a saigné.
Ce n'est plus une ardeur dans mes veines cachée :
C'est Vénus tout entière à sa proie attachée.

JEAN RACINE – *PHÈDRE*, ACTE I, SCÈNE III, 1677

Ô doux regards, ô yeux pleins de beauté

Ô doux regards, ô yeux pleins de beauté,
Petits jardins pleins de fleurs amoureuses
Où sont d'Amour les flèches dangereuses,
Tant à vous voir mon œil s'est arrêté !

Ô cœur félon, ô rude cruauté,
Tant tu me tiens de façons rigoureuses,
Tant j'ai coulé de larmes langoureuses,
Sentant l'ardeur de mon cœur tourmenté !

Doncques, mes yeux, tant de plaisir avez,
Tant de bons tours par ces yeux recevez ;
Mais toi, mon cœur, plus les vois s'y complaire.

Plus tu languis, plus en as de souci,
Or devinez si je suis aise aussi,
Sentant mon œil être à mon cœur contraire.

Louise Labé – *Sonnets*, 1555

En Arles

Dans Arles, où sont les Aliscams,
Quand l'ombre est rouge, sous les roses,
Et clair le temps,

Prends garde à la douceur des choses,
Lorsque tu sens battre sans cause
Ton cœur trop lourd,

Et que se taisent les colombes :
Parle tout bas si c'est d'amour,
Au bord des tombes.

PAUL-JEAN TOULET – *LES CONTRERIMES*, 1921

L'an se rajeunissait en sa verte jouvence

L'an se rajeunissait en sa verte jouvence
Quand je m'épris de vous, ma Sinope cruelle ;
Seize ans étaient la fleur de votre âge nouvelle,
Et votre teint sentait encore son enfance.

Vous aviez d'une infante encor la contenance,
La parole, et les pas ; votre bouche était belle,
Votre front et vos mains dignes d'une Immortelle,
Et votre œil, qui me fait trépasser quand j'y pense.

Amour, qui ce jour-là si grandes beautés vit,
Dans un marbre, en mon cœur d'un trait les écrivit ;
Et si pour le jourd'hui vos beautés si parfaites

Ne sont comme autrefois, je n'en suis moins ravi,
Car je n'ai pas égard à cela que vous êtes,
Mais au doux souvenir des beautés que je vis.

Pierre de Ronsard – *Second livre des Amours,* 1555

J'aime qui m'aime

J'aime qui m'aime, autrement non ;
Et non pourtant, je ne hais rien,
Mais voudrait que tout fut bien,
À l'ordonnance de Raison.

Je parle trop, las ! se fait mon !
Au fort, en ce propos me tient :
J'aime qui m'aime, autrement non,
Et non pourtant je ne hais rien.

De pensées son chaperon
A brodé le pauvre cœur mien;
Tout droit de devers lui je viens,
Et ma baillé cette chanson:
J'aime qui m'aime, autrement non.

Charles d'Orléans – *Rondeaux*, 1465

J'aime dans le temps

J'aime dans le temps Clara d'Ellébeuse,
l'écolière des anciens pensionnats,
qui allait, les soirs chauds, sous les tilleuls
lire les magazines d'autrefois.

Je n'aime qu'elle, et je sens sur mon cœur
la lumière bleue de sa gorge blanche.
Où est-elle? Où était donc ce bonheur?
Dans sa chambre claire il entrait des branches.

Elle n'est peut-être pas encore morte
– ou peut-être que nous l'étions tous deux.
La grande cour avait des feuilles mortes
dans le vent froid des fins d'Été très vieux.

Te souviens-tu de ces plumes de paon,
dans un grand vase, auprès de coquillages ?
on apprenait qu'on avait fait naufrage,
on appelait Terre-Neuve : le Banc.

Viens, viens, ma chère Clara d'Ellébeuse :
aimons-nous encore si tu existes.
Le vieux jardin a de vieilles tulipes.
Viens toute nue, ô Clara d'Ellébeuse.

FRANCIS JAMMES – *DE L'ANGÉLUS DE L'AUBE À L'ANGÉLUS DU SOIR,* 1898

DE L'ART D'ÉCRIRE

•

L'art

Oui, l'œuvre sort plus belle
D'une forme au travail
Rebelle,
Vers, marbre, onyx, émail.

Point de contraintes fausses !
Mais que pour marcher droit
Tu chausses,
Muse, un cothurne étroit.

Fi du rythme commode,
Comme un soulier trop grand,
Du mode
Que tout pied quitte et prend !

Statuaire, repousse
L'argile que pétrit
Le pouce
Quand flotte ailleurs l'esprit :

Lutte avec le carrare,
Avec le paros dur
Et rare,
Gardiens du contour pur ;

Emprunte à Syracuse
Son bronze où fermement
S'accuse
Le trait fier et charmant ;

D'une main délicate
Poursuis dans un filon
D'agate
Le profil d'Apollon.

Peintre, fuis l'aquarelle,
Et fixe la couleur
Trop frêle
Au four de l'émailleur.

Fais les sirènes bleues,
Tordant de cent façons
Leurs queues,
Les monstres des blasons ;

Dans son nimbe trilobe
La Vierge et son Jésus,
Le globe
Avec la croix dessus.

Tout passe. - L'art robuste
Seul a l'éternité.
Le buste
Survit à la cité.

Et la médaille austère
Que trouve un laboureur
Sous terre
Révèle un empereur.

Les dieux eux-mêmes meurent,
Mais les vers souverains
Demeurent
Plus forts que les airains.

Sculpte, lime, cisèle ;
Que ton rêve flottant
Se scelle
Dans le bloc résistant !

Théophile Gautier – *Émaux et Camées*, 1852

L'art poétique

Avant donc que d'écrire, apprenez à penser.
Selon que notre idée est plus ou moins obscure,
L'expression la suit, ou moins nette, ou plus pure.
Ce que l'on conçoit bien s'énonce clairement,
Et les mots pour le dire arrivent aisément (...)
Travaillez à loisir, quelque ordre qui vous presse,
Et ne vous piquez point d'une folle vitesse:
Un style si rapide, et qui court en rimant,
Marque moins trop d'esprit que peu de jugement.
J'aime mieux un ruisseau qui, sur la molle arène,
Dans un pré plein de fleurs lentement se promène,
Qu'un torrent débordé qui, d'un cours orageux,
Roule, plein de gravier, sur un terrain fangeux.
Hâtez-vous lentement, et, sans perdre courage,
Vingt fois sur le métier remettez votre ouvrage:
Polissez-le sans cesse et le repolissez;
Ajoutez quelquefois, et souvent effacez (...)
Craignez-vous pour vos vers la censure publique?
Soyez-vous à vous-même un sévère critique.
L'ignorance toujours est prête à s'admirer.
Faites-vous des amis prompts à vous censurer;
Qu'ils soient de vos écrits les confidents sincères,
Et de tous vos défauts les zélés adversaires.

Dépouillez devant eux l'arrogance d'auteur,
Mais sachez de l'ami discerner le flatteur :
Tel vous semble applaudir, qui vous raille et vous joue.
Aimez qu'on vous conseille, et non pas qu'on vous loue.

Nicolas Boileau – *L'Art poétique*, 1674

Art poétique

De la musique avant toute chose,
Et pour cela préfère l'Impair
Plus vague et plus soluble dans l'air,
Sans rien en lui qui pèse ou qui pose.

Il faut aussi que tu n'ailles point
Choisir tes mots sans quelque méprise :
Rien de plus cher que la chanson grise
Où l'Indécis au Précis se joint.

C'est des beaux yeux derrière des voiles,
C'est le grand jour tremblant de midi,
C'est, par un ciel d'automne attiédi,
Le bleu fouillis des claires étoiles !

Car nous voulons la Nuance encor,
Pas la Couleur, rien que la nuance !
Oh ! la nuance seule fiance
Le rêve au rêve et la flûte au cor !

Fuis du plus loin la Pointe assassine,
L'Esprit cruel et le Rire impur,
Qui font pleurer les yeux de l'Azur,
Et tout cet ail de basse cuisine !

Prends l'éloquence et tords-lui son cou !
Tu feras bien, en train d'énergie,
De rendre un peu la Rime assagie.
Si l'on n'y veille, elle ira jusqu'où ?

Ô qui dira les torts de la Rime ?
Quel enfant sourd ou quel nègre fou
Nous a forgé ce bijou d'un sou
Qui sonne creux et faux sous la lime ?

De la musique encore et toujours !
Que ton vers soit la chose envolée
Qu'on sent qui fuit d'une âme en allée
Vers d'autres cieux à d'autres amours.

Que ton vers soit la bonne aventure
Eparse au vent crispé du matin
Qui va fleurant la menthe et le thym…
Et tout le reste est littérature.

Paul Verlaine – *Jadis et Naguère,* 1884

DU ROMANTISME

•

L'isolement

Souvent sur la montagne, à l'ombre du vieux chêne,
Au coucher du soleil, tristement je m'assieds ;
Je promène au hasard mes regards sur la plaine,
Dont le tableau changeant se déroule à mes pieds.

Ici gronde le fleuve aux vagues écumantes ;
Il serpente et s'enfonce en un lointain obscur ;
Là, le lac immobile étend ses eaux dormantes
Où l'étoile du soir se lève dans l'azur.

Au sommet de ces monts couronnés de bois sombres
Le crépuscule encor jette un dernier rayon ;
Et le char vaporeux de la reine des ombres
Monte et blanchit déjà les bords de l'horizon.

Cependant, s'élançant de la flèche gothique,
Un son religieux se répand dans les airs :
Le voyageur s'arrête, et la cloche rustique
Aux derniers bruits du jour mêle de saints concerts.

Mais à ces doux tableaux mon âme indifférente
N'éprouve devant eux ni charme ni transports;
Je contemple la terre ainsi qu'une âme errante:
Le soleil des vivants n'échauffe plus les morts.

De colline en colline en vain portant ma vue,
Du sud à l'aquilon, de l'aurore au couchant,
Je parcours tous les points de l'immense étendue,
Et je dis: Nulle part le bonheur ne m'attend.

Que me font ces vallons, ces palais, ces chaumières,
Vains objets dont pour moi le charme est envolé?
Fleuves, rochers, forêts, solitudes si chères,
Un seul être vous manque, et tout est dépeuplé!

Quand le tour du soleil ou commence ou s'achève,
D'un œil indifférent je le suis dans son cours;
En un ciel sombre ou pur qu'il se couche ou se lève,
Qu'importe le soleil? je n'attends rien des jours.

Quand je pourrais le suivre en sa vaste carrière,
Mes yeux verraient partout le vide et les déserts;
Je ne désire rien de tout ce qu'il éclaire;
Je ne demande rien à l'immense univers.

Mais peut-être au-delà des bornes de sa sphère,
Lieux où le vrai soleil éclaire d'autres cieux,
Si je pouvais laisser ma dépouille à la terre,
Ce que j'ai tant rêvé paraîtrait à mes yeux!

Là, je m'enivrerais à la source où j'aspire;
Là, je retrouverais et l'espoir et l'amour,
Et ce bien idéal que toute âme désire,
Et qui n'a pas de nom au terrestre séjour!

Que ne puis-je, porté sur le char de l'aurore,
Vague objet de mes vœux, m'élancer jusqu'à toi!
Sur la terre d'exil pourquoi resté-je encore?
Il n'est rien de commun entre la terre et moi.

Quand la feuille des bois tombe dans la prairie,
Le vent du soir s'élève et l'arrache aux vallons;
Et moi, je suis semblable à la feuille flétrie:
Emportez-moi comme elle, orageux aquilons!

Alphonse de Lamartine – *Méditations poétiques,* 1820

Tristesse d'Olympio

Les champs n'étaient point noirs, les cieux n'étaient
[pas mornes.
Non, le jour rayonnait dans un azur sans bornes
Sur la terre étendu,
L'air était plein d'encens et les prés de verdures
Quand il revit ces lieux où par tant de blessures
Son cœur s'est répandu !

L'automne souriait ; les coteaux vers la plaine
Penchaient leurs bois charmants qui jaunissaient
[à peine ;
Le ciel était doré ;
Et les oiseaux, tournés vers celui que tout nomme,
Disant peut-être à Dieu quelque chose de l'homme,
Chantaient leur chant sacré !

Il voulut tout revoir, l'étang près de la source,
La masure où l'aumône avait vidé leur bourse,
Le vieux frêne plié,
Les retraites d'amour au fond des bois perdues,
L'arbre où dans les baisers leurs âmes confondues
Avaient tout oublié !

Il chercha le jardin, la maison isolée,
La grille d'où l'œil plonge en une oblique allée,
Les vergers en talus.
Pâle, il marchait. – Au bruit de son pas grave et sombre,
Il voyait à chaque arbre, hélas ! se dresser l'ombre
Des jours qui ne sont plus !

Il entendait frémir dans la forêt qu'il aime
Ce doux vent qui, faisant tout vibrer en nous-même,
Y réveille l'amour,
Et, remuant le chêne ou balançant la rose,
Semble l'âme de tout qui va sur chaque chose
Se poser tour à tour !

Les feuilles qui gisaient dans le bois solitaire,
S'efforçant sous ses pas de s'élever de terre,
Couraient dans le jardin ;
Ainsi, parfois, quand l'âme est triste, nos pensées
S'envolent un moment sur leurs ailes blessées,
Puis retombent soudain.

Il contempla longtemps les formes magnifiques
Que la nature prend dans les champs pacifiques ;
Il rêva jusqu'au soir ;
Tout le jour il erra le long de la ravine,
Admirant tour à tour le ciel, face divine,
Le lac, divin miroir !

Hélas ! se rappelant ses douces aventures,
Regardant, sans entrer, par-dessus les clôtures,
Ainsi qu'un paria,
Il erra tout le jour, vers l'heure où la nuit tombe,
Il se sentit le cœur triste comme une tombe,
Alors il s'écria :

« Ô douleur ! j'ai voulu, moi dont l'âme est troublée,
Savoir si l'urne encor conservait la liqueur,
Et voir ce qu'avait fait cette heureuse vallée
De tout ce que j'avais laissé là de mon cœur !

Que peu de temps suffit pour changer toutes choses !
Nature au front serein, comme vous oubliez !
Et comme vous brisez dans vos métamorphoses
Les fils mystérieux où nos cœurs sont liés !
(…)

Victor Hugo – *Les Rayons et les Ombres*, 1840

Midi

Midi, Roi des étés, épandu sur la plaine,
Tombe en nappes d'argent des hauteurs du ciel bleu.
Tout se tait. L'air flamboie et brûle sans haleine;
La Terre est assoupie en sa robe de feu.

L'étendue est immense, et les champs n'ont
[point d'ombre,
Et la source est tarie où buvaient les troupeaux;
La lointaine forêt, dont la lisière est sombre,
Dort là-bas, immobile, en un pesant repos.

Seuls, les grands blés mûris, tels qu'une mer dorée,
Se déroulent au loin, dédaigneux du sommeil;
Pacifiques enfants de la Terre sacrée,
Ils épuisent sans peur la coupe du Soleil.

Parfois, comme un soupir de leur âme brûlante,
Du sein des épis lourds qui murmurent entre eux,
Une ondulation majestueuse et lente
S'éveille, et va mourir à l'horizon poudreux.

Non loin, quelques bœufs blancs, couchés parmi
[les herbes,
Bavent avec lenteur sur leurs fanons épais,
Et suivent de leurs yeux languissants et superbes
Le songe intérieur qu'ils n'achèvent jamais.

Homme, si, le cœur plein de joie ou d'amertume,
Tu passais vers midi dans les champs radieux,
Fuis ! la Nature est vide et le Soleil consume :
Rien n'est vivant ici, rien n'est triste ou joyeux.

Mais si, désabusé des larmes et du rire,
Altéré de l'oubli de ce monde agité,
Tu veux, ne sachant plus pardonner ou maudire,
Goûter une suprême et morne volupté,

Viens ! Le Soleil te parle en paroles sublimes ;
Dans sa flamme implacable absorbe-toi sans fin ;
Et retourne à pas lents vers les cités infimes,
Le cœur trempé sept fois dans le Néant divin.

LECONTE DE LISLE – *POÈMES ANTIQUES*, 1852

DE LA FANTAISIE

•

Triolets fantaisistes

Sidonie a plus d'un amant,
C'est une chose bien connue
Qu'elle avoue, elle, fièrement.
Sidonie a plus d'un amant
Parce que, pour elle, être nue
Est son plus charmant vêtement.
C'est une chose bien connue,
Sidonie a plus d'un amant.

Elle en prend à ses cheveux blonds
Comme, à sa toile, l'araignée
Prend les mouches et les frelons.
Elle en prend à ses cheveux blonds.
Vers sa prunelle ensoleillée,
Ils volent, pauvres papillons,
Comme, à sa toile l'araignée,
Elle en prend à ses cheveux blonds.

Elle en attrape avec les dents
Quand le rire entrouvre sa bouche
Et dévore les imprudents.
Elle en attrape avec les dents.

Sa bouche, quand elle se couche,
Reste rose et ses dents dedans.
Quand le rire entrouvre sa bouche
Elle en attrape avec les dents.

Elle les mène par le nez
Comme fait, dit-on, le crotale
Des oiseaux qu'elle a fascinés.
Elle les mène par le nez.
Quand dans une moue elle étale
Sa langue à leurs yeux étonnés,
Comme fait, dit-on, le crotale
Elle les mène par le nez.

Sidonie a plus d'un amant,
Qu'on le lui reproche ou l'en loue
Elle s'en moque également.
Sidonie a plus d'un amant.
Aussi, jusqu'à ce qu'on la cloue
Au sapin de l'enterrement
Qu'on le lui reproche ou l'en loue,
Sidonie aura plus d'un amant.

Charles Cros – *Le Coffret de santal*, 1873

Le Pélican

Le Capitaine Jonathan,
Étant âgé de dix-huit ans
Capture un jour un pélican
Dans une île d'Extrême-Orient,

Le pélican de Jonathan
Au matin, pond un œuf tout blanc
Et il en sort un pélican
Lui ressemblant étonnamment.

Et ce deuxième pélican
Pond, à son tour, un œuf tout blanc
D'où sort, inévitablement
Un autre, qui en fait autant.

Cela peut durer pendant très longtemps
Si l'on ne fait pas d'omelette avant.

Robert Desnos – *Chantefables*, 1944

Le grand combat

Il l'emparouille et l'endosque contre terre;
Il le rague et le roupète jusqu'à son drâle;
Il le pratèle et le libucque et lui barufle les ouaillais;
Il le tocarde et le marmine,
Le manage rape à ri et ripe à ra.
Enfin, il l'écorcobalisse.
L'autre hésite, s'espudrine, se défaisse, se torse et
[se ruine.
C'en sera bientôt fini de lui;
Il se reprise et s'emmargine… mais en vain
Le cerceau tombe qui a tant roulé.
Abrah! Abrah! Abrah!
Le pied a failli!
Le bras a cassé!
Le sang a coulé!
Fouille, fouille, fouille,
Dans la marmite de son ventre est un grand secret
Mégères alentour qui pleurez dans vos mouchoirs;
On s'étonne, on s'étonne, on s'étonne
Et on vous regarde
On cherche aussi, nous autres, le Grand Secret.

Henri Michaux – *Qui je fus*, Gallimard, 1927

Le Paon

En faisant la roue, cet oiseau,
Dont le pennage traîne à terre,
Apparaît encore plus beau,
Mais se découvre le derrière.

Guillaume Apollinaire
– *Le Bestiaire ou Cortège d'Orphée,* 1911

Pour faire le portrait d'un oiseau

Peindre d'abord une cage
avec une porte ouverte
peindre ensuite
quelque chose de joli
quelque chose de simple
quelque chose de beau
quelque chose d'utile
pour l'oiseau
placer ensuite la toile contre un arbre
dans un jardin
dans un bois
ou dans une forêt
se cacher derrière l'arbre

sans rien dire
sans bouger…
Parfois l'oiseau arrive vite
mais il peut aussi bien mettre de longues années
avant de se décider
Ne pas se décourager
attendre
attendre s'il faut pendant des années
la vitesse ou la lenteur de l'arrivée de l'oiseau
n'ayant aucun rapport
avec la réussite du tableau
Quand l'oiseau arrive
s'il arrive
observer le plus profond silence
attendre que l'oiseau entre dans la cage
et quand il est entré
fermer doucement la porte avec le pinceau
puis
effacer un à un tous les barreaux
en ayant soin de ne toucher aucune des plumes
[de l'oiseau

Faire ensuite le portrait de l'arbre
en choisissant la plus belle de ses branches
pour l'oiseau
peindre aussi le vert feuillage et la fraîcheur du vent
la poussière du soleil
et le bruit des bêtes de l'herbe dans la chaleur de l'été
et puis attendre que l'oiseau se décide à chanter
Si l'oiseau ne chante pas
c'est mauvais signe
signe que le tableau est mauvais
mais s'il chante c'est bon signe
signe que vous pouvez signer
Alors vous arrachez tout doucement
une des plumes de l'oiseau
et vous écrivez votre nom dans un coin du tableau.

JACQUES PRÉVERT – *PAROLES*, 1946

Le Paresseux

Accablé de paresse et de mélancolie,
Je rêve dans un lit où je suis fagoté,
Comme un lièvre sans os qui dort dans un pâté,
Ou comme un Don Quichotte en sa morne folie.

Là, sans me soucier des guerres d'Italie,
Du comte Palatin, ni de sa royauté,
Je consacre un bel hymne à cette oisiveté
Où mon âme en langueur est comme ensevelie.

Je trouve ce plaisir si doux et si charmant,
Que je crois que les biens me viendront en dormant,
Puisque je vois déjà s'en enfler ma bedaine,

Et hais tant le travail, que, les yeux entrouverts,
Une main hors des draps, cher Baudoin, à peine
Ai-je pu me résoudre à t'écrire ces vers.

Marc-Antoine Girard de Saint-Amant
– *Œuvres poétiques*, 1631

Locutions des Pierrots

Je ne suis qu'un viveur lunaire
Qui fait des ronds dans les bassins,
Et cela, sans autre dessein
Que devenir un légendaire.

Retroussant d'un air de défi
Mes manches de mandarin pâle,
J'arrondis ma bouche et – j'exhale
Des conseils doux de Crucifix.

Ah ! oui, devenir légendaire,
Au seuil des siècles charlatans !
Mais où sont les Lunes d'antan ?
Et que Dieu n'est-il à refaire ?

JULES LAFORGUE – *L'IMITATION DE NOTRE-DAME LA LUNE*, 1886

Sonnet

Fort
Belle,
Elle
Dort ;

Sort
Frêle !
Quelle
Mort !

Rose
Close,
La

Brise
L'a
Prise.

Jules de Rességuier

Les Amis trop d'accord

Il était quatre amis qu'assortit la fortune;
Gens de goût et d'esprit divers.
L'un était pour la blonde, et l'autre pour la brune;
Un autre aimait la prose, et celui-là les vers.
L'un prenait-il l'endroit? L'autre prenait l'envers.
Comme toujours quelque dispute
Assaisonnait leur entretien,
Un jour on s'échauffa si bien,
Que l'entretien devint presque une lutte.
Les poumons l'emportaient; raison n'y faisait rien.
Messieurs, dit l'un d'eux, quand on s'aime,
Qu'il serait doux d'avoir même goût, mêmes yeux!
Si nous sentions, si nous pensions de même,
Nous nous aimons beaucoup, nous nous aimerions
[mieux.
Chacun étourdiment fut d'avis du problème,
Et l'on se proposa d'aller prier les dieux
De faire en eux ce changement extrême.
Ils vont au temple d'Apollon
Présenter leur humble requête;
Et le dieu sur le champ, dit-on,
Des quatre ne fit qu'une tête:
C'est-à-dire, qu'il leur donna

Sentiments tout pareils et pareilles pensées ;
L'un comme l'autre raisonna.
Bon, dirent-ils, voilà les disputes chassées
Oui, mais aussi voilà tout charme évanoui ;
Plus d'entretien qui les amuse.
Si quelqu'un parle, ils répondent tous, oui.
C'est désormais entr'eux le seul mot dont on use.
L'ennui vint : l'amitié s'en sentit altérer.
Pour être trop d'accord nos gens se désunissent.
Ils cherchent enfin, n'y pouvant plus durer,
Des amis qui les contredissent.
C'est un grand agrément que la diversité.
Nous sommes bien comme nous sommes.
Donnez le même esprit aux hommes ;
Vous ôtez tout le sel de la société.
L'ennui naquit un jour de l'uniformité.

ANTOINE HOUDAR DE LA MOTTE – *FABLES NOUVELLES*, 1719

TROIS GRANDS CLASSIQUES

•

La Mort du loup

I

Les nuages couraient sur la lune enflammée
Comme sur l'incendie on voit fuir la fumée,
Et les bois étaient noirs jusques à l'horizon.
Nous marchions, sans parler, dans l'humide gazon,
Dans la bruyère épaisse et dans les hautes brandes,
Lorsque, sous des sapins pareils à ceux des landes,
Nous avons aperçu les grands ongles marqués
Par les loups voyageurs que nous avions traqués.
Nous avons écouté, retenant notre haleine
Et le pas suspendu. – Ni le bois ni la plaine
Ne poussaient un soupir dans les airs ; seulement
La girouette en deuil criait au firmament ;
Car le vent, élevé bien au-dessus des terres,
N'effleurait de ses pieds que les tours solitaires,
Et les chênes d'en bas, contre les rocs penchés,
Sur leurs coudes semblaient endormis et couchés.
Rien ne bruissait donc, lorsque, baissant la tête,

Le plus vieux des chasseurs qui s'étaient mis en quête
A regardé le sable en s'y couchant ; bientôt,
Lui que jamais ici l'on ne vit en défaut,
A déclaré tout bas que ces marques récentes
Annonçaient la démarche et les griffes puissantes
De deux grands loups-cerviers et de deux louveteaux.
Nous avons tous alors préparé nos couteaux,
Et, cachant nos fusils et leurs lueurs trop blanches,
Nous allions pas à pas en écartant les branches.
Trois s'arrêtent, et moi, cherchant ce qu'ils voyaient,
J'aperçois tout à coup deux yeux qui flamboyaient,
Et je vois au-delà quatre formes légères
Qui dansaient sous la lune au milieu des bruyères,
Comme font chaque jour, à grand bruit sous nos yeux,
Quand le maître revient, les lévriers joyeux.
Leur forme était semblable et semblable la danse ;
Mais les enfants du Loup se jouaient en silence,
Sachant bien qu'à deux pas, ne dormant qu'à demi,
Se couche dans ses murs l'homme leur ennemi.
Le père était debout, et plus loin, contre un arbre,
Sa Louve reposait comme celle de
marbre Qu'adoraient les Romains, et dont les
flancs velus
Couvaient les demi-dieux Rémus et Romulus.
Le Loup vient et s'assied, les deux jambes dressées,

Par leurs ongles crochus dans le sable enfoncées.
Il s'est jugé perdu, puisqu'il était surpris,
Sa retraite coupée et tous ses chemins pris ;
Alors il a saisi, dans sa gueule brûlante,
Du chien le plus hardi la gorge pantelante,
Et n'a pas desserré ses mâchoires de fer,
Malgré nos coups de feu qui traversaient sa chair,
Et nos couteaux aigus qui, comme des tenailles,
Se croisaient en plongeant dans ses larges entrailles,
Jusqu'au dernier moment où le chien étranglé,
Mort longtemps avant lui, sous ses pieds a roulé.
Le Loup le quitte alors et puis il nous regarde.
Les couteaux lui restaient au flanc jusqu'à la garde,
Le clouaient au gazon tout baigné dans son sang,
Nos fusils l'entouraient en sinistre croissant.
Il nous regarde encore, ensuite il se recouche,
Tout en léchant le sang répandu sur sa bouche,
Et, sans daigner savoir comment il a péri,
Refermant ses grands yeux, meurt sans jeter un cri.

II

J'ai reposé mon front sur mon fusil sans poudre,
Me prenant à penser, et n'ai pu me résoudre
À poursuivre sa Louve et ses fils qui, tous trois,

Avaient voulu l'attendre, et, comme je le crois,
Sans ses deux louveteaux, la belle et sombre veuve
Ne l'eût pas laissé seul subir la grande épreuve ;
Mais son devoir était de les sauver, afin
De pouvoir leur apprendre à bien souffrir la faim,
À ne jamais entrer dans le pacte des villes
Que l'homme a fait avec les animaux serviles
Qui chassent devant lui, pour avoir le coucher,
Les premiers possesseurs du bois et du rocher.

III

Hélas ! ai-je pensé, malgré ce grand nom d'Hommes,
Que j'ai honte de nous, débiles que nous sommes !
Comment on doit quitter la vie et tous ses maux,
C'est vous qui le savez, sublimes animaux !
À voir ce que l'on fut sur terre et ce qu'on laisse,
Seul, le silence est grand ; tout le reste est faiblesse.
– Ah ! je t'ai bien compris, sauvage voyageur,
Et ton dernier regard m'est allé jusqu'au cœur !
Il disait : « Si tu peux, fais que ton âme arrive,
À force de rester studieuse et pensive,
Jusqu'à ce haut degré de stoïque fierté
Où, naissant dans les bois, j'ai tout d'abord monté.
Gémir, pleurer, prier, est également lâche.

Fais énergiquement ta longue et lourde tâche
Dans la voie où le sort a voulu t'appeler,
Puis après, comme moi, souffre et meurs sans parler. »

Écrit au Château du M***, 1843.
Alfred de Vigny – *Les Destinées*, 1864

Le Bateau ivre

Comme je descendais des Fleuves impassibles,
Je ne me sentis plus guidé par les haleurs :
Des Peaux-Rouges criards les avaient pris pour cibles,
Les ayant cloués nus aux poteaux de couleurs.

J'étais insoucieux de tous les équipages,
Porteur de blés flamands ou de cotons anglais.
Quand avec mes haleurs ont fini ces tapages,
Les Fleuves m'ont laissé descendre où je voulais.

Dans les clapotements furieux des marées,
Moi, l'autre hiver, plus sourd que les cerveaux
[d'enfants,
Je courus ! Et les Péninsules démarrées
N'ont pas subi tohu-bohus plus triomphants.

La tempête a béni mes éveils maritimes.
Plus léger qu'un bouchon j'ai dansé sur les flots
Qu'on appelle rouleurs éternels de victimes,
Dix nuits, sans regretter l'œil niais des falots !

Plus douce qu'aux enfants la chair des pommes sures,
L'eau verte pénétra ma coque de sapin
Et des taches de vins bleus et des vomissures
Me lava, dispersant gouvernail et grappin.

Et dès lors, je me suis baigné dans le Poème
De la Mer, infusé d'astres, et lactescent,
Dévorant les azurs verts ; où, flottaison blême
Et ravie, un noyé pensif parfois descend ;

Où, teignant tout à coup les bleuités, délires
Et rythmes lents sous les rutilements du jour,
Plus fortes que l'alcool, plus vastes que nos lyres,
Fermentent les rousseurs amères de l'amour !

Je sais les cieux crevant en éclairs, et les trombes
Et les ressacs et les courants : je sais le soir,
L'Aube exaltée ainsi qu'un peuple de colombes,
Et j'ai vu quelquefois ce que l'homme a cru voir !

J'ai vu le soleil bas, taché d'horreurs mystiques,
Illuminant de longs figements violets,
Pareils à des acteurs de drames très antiques
Les flots roulant au loin leurs frissons de volets!

J'ai rêvé la nuit verte aux neiges éblouies,
Baiser montant aux yeux des mers avec lenteurs,
La circulation des sèves inouïes,
Et l'éveil jaune et bleu des phosphores chanteurs!

J'ai suivi, des mois pleins, pareille aux vacheries
Hystériques, la houle à l'assaut des récifs,
Sans songer que les pieds lumineux des Maries
Pussent forcer le mufle aux Océans poussifs!

J'ai heurté, savez-vous, d'incroyables Florides
Mêlant aux fleurs des yeux de panthères à peaux
D'hommes! Des arcs-en-ciel tendus comme
[des brides
Sous l'horizon des mers, à de glauques troupeaux!

J'ai vu fermenter les marais énormes, nasses
Où pourrit dans les joncs tout un Léviathan!
Des écroulements d'eaux au milieu des bonaces,
Et les lointains vers les gouffres cataractant!

Glaciers, soleils d'argent, flots nacreux, cieux
[de braises !
Échouages hideux au fond des golfes bruns
Où les serpents géants dévorés des punaises
Choient, des arbres tordus, avec de noirs parfums !

J'aurais voulu montrer aux enfants ces dorades
Du flot bleu, ces poissons d'or, ces poissons chantants.
– Des écumes de fleurs ont bercé mes dérades
Et d'ineffables vents m'ont ailé par instants.

Parfois, martyr lassé des pôles et des zones,
La mer dont le sanglot faisait mon roulis doux
Montait vers moi ses fleurs d'ombre aux ventouses
[jaunes
Et je restais, ainsi qu'une femme à genoux…

Presque île, ballottant sur mes bords les querelles
Et les fientes d'oiseaux clabaudeurs aux yeux blonds.
Et je voguais, lorsqu'à travers mes liens frêles
Des noyés descendaient dormir, à reculons !

Or moi, bateau perdu sous les cheveux des anses,
Jeté par l'ouragan dans l'éther sans oiseau,
Moi dont les Monitors et les voiliers des Hanses
N'auraient pas repêché la carcasse ivre d'eau ;

Libre, fumant, monté de brumes violettes,
Moi qui trouais le ciel rougeoyant comme un mur
Qui porte, confiture exquise aux bons poètes,
Des lichens de soleil et des morves d'azur ;

Qui courais, taché de lunules électriques,
Planche folle, escorté des hippocampes noirs,
Quand les juillets faisaient crouler à coups de triques
Les cieux ultramarins aux ardents entonnoirs ;

Moi qui tremblais, sentant geindre à cinquante lieues
Le rut des Béhémots et les Maelstroms épais,
Fileur éternel des immobilités bleues,
Je regrette l'Europe aux anciens parapets !

J'ai vu des archipels sidéraux ! et des îles
Dont les cieux délirants sont ouverts au vogueur :
– Est-ce en ces nuits sans fonds que tu dors et t'exiles,
Million d'oiseaux d'or, ô future Vigueur ?

Mais, vrai, j'ai trop pleuré ! Les Aubes sont navrantes.
Toute lune est atroce et tout soleil amer :
L'âcre amour m'a gonflé de torpeurs enivrantes.
Ô que ma quille éclate ! Ô que j'aille à la mer !

Si je désire une eau d'Europe, c'est la flache
Noire et froide où vers le crépuscule embaumé
Un enfant accroupi plein de tristesse, lâche
Un bateau frêle comme un papillon de mai.

Je ne puis plus, baigné de vos langueurs, ô lames,
Enlever leur sillage aux porteurs de cotons,
Ni traverser l'orgueil des drapeaux et des flammes,
Ni nager sous les yeux horribles des pontons.

Arthur Rimbaud – *Poésies complètes*, 1895

Le Cimetière marin

Ce toit tranquille, où marchent des colombes,
Entre les pins palpite, entre les tombes ;
Midi le juste y compose de feux
La mer, la mer, toujours recommencée
Ô récompense après une pensée
Qu'un long regard sur le calme des dieux !

Quel pur travail de fins éclairs consume
Maint diamant d'imperceptible écume,
Et quelle paix semble se concevoir !
Quand sur l'abîme un soleil se repose,
Ouvrages purs d'une éternelle cause,
Le temps scintille et le songe est savoir.

Stable trésor, temple simple à Minerve,
Masse de calme, et visible réserve,
Eau sourcilleuse, œil qui gardes en toi
Tant de sommeil sous une voile de flamme,
Ô mon silence ! Édifice dans l'âme,
Mais comble d'or aux mille tuiles, Toit !

Temple du Temps, qu'un seul soupir résume,
À ce point pur je monte et m'accoutume,
Tout entouré de mon regard marin ;
Et comme aux dieux mon offrande suprême,
La scintillation sereine sème
Sur l'altitude un dédain souverain.

Comme le fruit se fond en jouissance,
Comme en délice il change son absence
Dans une bouche où sa forme se meurt,
Je hume ici ma future fumée,
Et le ciel chante à l'âme consumée
Le changement des rives en rumeur.

Beau ciel, vrai ciel, regarde-moi qui change !
Après tant d'orgueil, après tant d'étrange
Oisiveté, mais pleine de pouvoir,
Je m'abandonne à ce brillant espace,
Sur les maisons des morts mon ombre passe
Qui m'apprivoise à son frêle mouvoir.

L'âme exposée aux torches du solstice,
Je te soutiens, admirable justice
De la lumière aux armes sans pitié !
Je te tends pure à ta place première,
Regarde-toi ! Mais rendre la lumière
Suppose d'ombre une morne moitié.

Ô pour moi seul, à moi seul, en moi-même,
Auprès d'un cœur, aux sources du poème,
Entre le vide et l'événement pur,
J'attends l'écho de ma grandeur interne,
Amère, sombre, et sonore citerne,
Sonnant dans l'âme un creux toujours futur!

Sais-tu, fausse captive des feuillages,
Golfe mangeur de ces maigres grillages,
Sur mes yeux clos, secrets éblouissants,
Quel corps me traîne à sa fin paresseuse,
Quel front l'attire à cette terre osseuse?
Une étincelle y pense à mes absents.

Fermé, sacré, plein d'un feu sans matière,
Fragment terrestre offert à la lumière,
Ce lieu me plaît, dominé de flambeaux,
Composé d'or, de pierre et d'arbres sombres,
Où tant de marbre est tremblant sur tant d'ombres;
La mer fidèle y dort sur mes tombeaux!

Chienne splendide, écarte l'idolâtre !
Quand solitaire au sourire de pâtre,
Je pais longtemps, moutons mystérieux,
Le blanc troupeau de mes tranquilles tombes,
Éloignes-en les prudentes colombes,
Les songes vains, les anges curieux !

Ici venu, l'avenir est paresse.
L'insecte net gratte la sécheresse ;
Tout est brûlé, défait, reçu dans l'air
À je ne sais quelle sévère essence...
La vie est vaste, étant ivre d'absence,
Et l'amertume est douce, et l'esprit clair.

Les morts cachés sont bien dans cette terre
Qui les réchauffe et sèche leur mystère.
Midi là-haut, Midi sans mouvement
En soi se pense et convient à soi-même
Tête complète et parfait diadème,
Je suis en toi le secret changement.

Tu n'as que moi pour contenir tes craintes!
Mes repentirs, mes doutes, mes contraintes
Sont le défaut de ton grand diamant!
Mais dans leur nuit toute lourde de marbres,
Un peuple vague aux racines des arbres
A pris déjà ton parti lentement.

Ils ont fondu dans une absence épaisse,
L'argile rouge a bu la blanche espèce,
Le don de vivre a passé dans les fleurs!
Où sont des morts les phrases familières,
L'art personnel, les âmes singulières?
La larve file où se formaient les pleurs.

Les cris aigus des filles chatouillées,
Les yeux, les dents, les paupières mouillées,
Le sein charmant qui joue avec le feu,
Le sang qui brille aux lèvres qui se rendent,
Les derniers dons, les doigts qui les défendent,
Tout va sous terre et rentre dans le jeu!

Et vous, grande âme, espérez-vous un songe
Qui n'aura plus ces couleurs de mensonge
Qu'aux yeux de chair l'onde et l'or font ici ?
Chanterez-vous quand serez vaporeuse ?
Allez ! Tout fuit ! Ma présence est poreuse,
La sainte impatience meurt aussi !

Maigre immortalité noire et dorée,
Consolatrice affreusement laurée,
Qui de la mort fais un sein maternel,
Le beau mensonge et la pieuse ruse !
Qui ne connaît, et qui ne les refuse,
Ce crâne vide et ce rire éternel !

Pères profonds, têtes inhabitées,
Qui sous le poids de tant de pelletées,
Êtes la terre et confondez nos pas,
Le vrai rongeur, le ver irréfutable
N'est point pour vous qui dormez sous la table,
Il vit de vie, il ne me quitte pas !

Amour, peut-être, ou de moi-même haine?
Sa dent secrète est de moi si prochaine
Que tous les noms lui peuvent convenir!
Qu'importe! Il voit, il veut, il songe, il touche!
Ma chair lui plaît, et jusque sur ma couche,
À ce vivant je vis d'appartenir!

Zénon! Cruel Zénon! Zénon d'Êlée!
M'as-tu percé de cette flèche ailée
Qui vibre, vole, et qui ne vole pas!
Le son m'enfante et la flèche me tue!
Ah! le soleil… Quelle ombre de tortue
Pour l'âme, Achille immobile à grands pas!

Non, non! Debout! Dans l'ère successive!
Brisez, mon corps, cette forme pensive!
Buvez, mon sein, la naissance du vent!
Une fraîcheur, de la mer exhalée,
Me rend mon âme… O puissance salée!
Courons à l'onde en rejaillir vivant.

Oui ! grande mer de délires douée,
Peau de panthère et chlamyde trouée,
De mille et mille idoles du soleil,
Hydre absolue, ivre de ta chair bleue,
Qui te remords l'étincelante queue
Dans un tumulte au silence pareil

Le vent se lève ! il faut tenter de vivre !
L'air immense ouvre et referme mon livre,
La vague en poudre ose jaillir des rocs !
Envolez-vous, pages tout éblouies !
Rompez, vagues ! Rompez d'eaux réjouies
Ce toit tranquille où picoraient des focs !

Paul Valéry – *Poésies*, 1957, Gallimard

POÉSIE D'AUJOURD'HUI

•

Une pierre

Ils ont vécu au temps où les mots furent pauvres,
Le sens ne vibrait plus dans les rythmes défaits,
La fumée foisonnait, enveloppant la flamme,
Ils craignaient que la joie ne les surprendrait plus.

Ils ont dormi. Ce fut par détresse du monde.
Passaient dans leur sommeil des souvenirs
Comme des barques dans la brume, qui accroissent
Leurs feux, avant de prendre le haut du fleuve.

Ils se sont éveillés. Mais l'herbe est déjà noire.
Les ombres soient leur pain et le vent leur eau.
Le silence, l'inconnaissance leur anneau,
Une brassée de nuit tout leur feu sur terre.

Yves Bonnefoy – *Les planches courbes*, 2001,
Mercure de France

Le palier

Le soleil debout dans le vert
Avec les troupeaux frais
réapprend pas à pas la rondeur du monde

Et l'équilibre au convalescent
Qui va sous sa propre chemise.
Main posée sur l'échine des jours
Il gravit lentement chaque marche du ciel
Jusqu'à ce palier derrière ta nuque
où ce qui est advenu
Et ce que tu attends
Partagent la même ombre

GUY GOFFETTE – *SOLO D'OMBRES*, 1983, ÉDITIONS GALLIMARD

Ennui mécanique

On attend que quelque chose, quelqu'un
Lève le clenche de la porte des
Yeux, qu'un peu de lumière, l'ombre d'un
Corps, une tache d'ambre qui se penche

Passent au travers. Mais la cloche sonne
Comme un tocsin : c'est midi. Et le poème
On l'abandonne comme un fourgon
Dans une prairie

YVES LECLAIR – *BOUTS DU MONDE*, 1997, MERCURE DE FRANCE

Depuis la fenêtre ouverte

Extrait 3

je cesserai d'écrire des poèmes le jour où l'on cessera
de considérer
les hommes sincères
comme des hommes malades
en attendant la rivière continue
elle
la pluie continue
elle
demain matin les ronces vont griffer les renards dans
[les bois
le ciel ce grand poumon sauvage a jeté ses filets
sur les hommes tout en bas
seul le bruit de la terre arrive depuis la fenêtre ouverte.

CÉCILE COULON – *LES RONCES*, LE CASTOR ASTRAL, 2018

CENT POÈTES DE NAGUÈRE ET D'AUJOURD'HUI…

Voici cent poètes de naguère et d'aujourd'hui, choisis pour vous qui pouvez vous présenter au seuil de leur œuvre, la visiter, l'adopter, la partager avec d'autres chercheurs de beauté.

Lisez aussi **Sully-Prudhomme** (1839-1907), et son vase brisé; **Jean Moréas** (1856-1910), le symboliste hellène; **Saint-Pol-Roux** (1861-1940), le symboliste de Coecilian; **Henri de Régnier** (1864-1936), gendre de Heredia, héritier de Mallarmé; **Jehan Rictus** (1867-1933), *Les Soliloques du pauvre* en langue du peuple; **Léon-Paul Fargue** (1876-1947), le piéton de Paris; **Pierre-Albert Birot** (1876-1967), aux poèmes compagnons de bonne humeur ou confidents de la douleur, inventeur pour Apollinaire, du mot « surréaliste »; **Victor Segalen** (1878-1919) et ses stèles mystérieuses; **Gaston Couté** (1880-1911), le chansonnier libertaire; **Pierre Mac Orlan** (1882-1970), l'inventeur du fantastique social; **Jules Supervielle** (1884-1960), le Franco-Uruguayen qui raconte la fable du monde; **Pierre Reverdy** (1889-1960), le surréaliste devenu le mystique de Solesmes; **Philippe Soupault** (1897-1990), co-auteur, avec **André Breton** (1896-1966) des *Champs magnétiques*, premier ouvrage surréaliste ; **Benjamin Fondane** (1898-1944), mort à Auschwitz et qui avait pour devise ce passage du Lévitique : « Ma demeure est hors du camp » ; **Norge**, (1898-1990), l'humour au quotidien ; **Francis Ponge** (1899-1988), et son *Parti pris des choses* ; **Jean Follain** (1903-1971), la netteté lyrique, loin des facilités effusives ; **Paul Valet** (1905-1987) qui vous dit et assure : « L'écriture est une suprême imposture ! » ; **Maurice Fombeure** (1906-1981) au « vers français clair et gai comme du vin blanc » selon **Paul Claudel** (1868-1955, frère de Camille Claudel, et diplomate, par monts et par vaux, trains et bateaux où naquirent ses odes et versets) ; **Eugène Guillevic** (1907-1997) et son vers court qui maîtrise l'inquiétante étrangeté des choses ; **André Frénaud** (1907-1993), le poète de la « plaie sans cicatrice », de la « peine sans larmes » ; **Patrice de la Tour du Pin** (1911-1975), arrière-petit-fils de Condorcet, à l'œuvre imprégnée de mysticisme ; **Aimé Césaire** (1913-2008) et la poésie en « Armes miraculeuses » ; **Jean Rousselot** (1913-2004), la poésie pour une vision neuve du monde.

N'oubliez pas **Claude Roy** (1915-1997) et ses petites merveilles de poèmes dans l'*Enfance de l'art* (1942),

Farandoles et fariboles (1957), *Temps variable avec éclaircies* (1985, premier Goncourt de la poésie). N'oubliez pas **Henri Thomas** (1912-1993), le dépossédé du monde entier; **Luc Bérimont** (1915-1983), l'ami de Cadou; **Louis-René Des Forêts** (1918-2000), à l'étonnant *Ostinato* (1997); **Alain Bosquet** (1919-1998) pour sa façon de traiter avec un souffle de nouveauté la poésie classique; **Jean l'Anselme**, né en 1919, lisez son *Art poétique*: « Vingt fois sur le métier/dépolissez l'ouvrage,/un vers trop poli/ne peut pas être au net »; **Hélène Cadou** (1922-2014), épouse, poète et conservatrice du trésor inouï de son mari: René Guy du même nom; **Jean-Claude Renard**, né en 1922, ses créations comme un feu toujours neuf; **Robert Sabatier**, né en 1923, poète et romancier du souvenir; **Georges Perros** (1923-1978), et ses *Papiers collés*, écrits entre deux portes; **André du Bouchet** (1924-2001), Char, Reverdy, Mallarmé réunis; **Philippe Jaccottet**, né en 1925, critique, essayiste, poète à l'ample verset; **Andrée Chédid**, née en 1925, et la transcription douloureuse des tourments de son pays natal – le Liban.

N'oubliez pas **Serge Wellens** (1927-2010) qui composa *Le Rire des tourterelles*; **Alain Jouffroy**, né en 1928 à Paris, auteur de *Liberté des libertés*; **Jacques**

Charpentreau, né en 1928, aux mots qui emportent dans la reposante contrée du sourire; **Jacques Réda**, né à Lunéville en 1929, inventeur du vers à quatorze pieds, Réda, c'est un mystère où le lecteur ne se sent pas inutile; n'oubliez pas **Bernard Noël**, né en 1930, quêteur d'essentiel; **Jude Stéfan**, né à né à Pont-Audemer en 1930, **Xavier Grall** (1930-1951), le barde enchanteur de toutes les Bretagnes; **Henri Meschonnic** (1932-2009), l'amoureux du rythme et de la Bible; **Michel Deguy**, né en 1930, aux textes courts et denses qui explorent le langage; **Guy Bellay** (1932-2015) qui nous dit : « La liberté, c'est dehors »; **Marie-Claire Blancquart**, née en 1932, aux textes qui deviennent « partition et chant, communion au réel. »; **Marcelin Pleynet**, né en 1933, et son écriture blanche; **Ludovic Janvier** (1934-2016), auteur de *Tue-le*, de *La mer à boire*; **Paul-Louis Rossi**, né en 1934, dont les pages racontent et enchantent; **Roger Kowalski** (1934-1975), entre le rêve et le conte éveillé; **Claude Esteban** (1935-2006), poète du *Jour à peine écrit*; **Michel-François Lavaur** (1935-2015), artiste aux mille talents, fondateur de la revue *Traces*; **Claire Malroux** née en 1935 qui écrit: « De la poésie j'attends qu'elle oublie les phrases pivoines et s'offre nue »; **Lionel Ray**, né en 1935, aux œuvres travaillées à la façon d'orfèvreries; **Franck Venaille**, né en 1936, aux souvenirs travaillés dans une langue vive et actuelle; **Gérard Le Gouic**, né en 1936, le monde entier dans le creuset breton; **Yves Martin** (1936-1999), à la prose poétique insolite, en découpage filmique; **Marc Alyn**, né en 1937, créateur de la revue Terre de Feu à dix-sept ans, Grand Prix de l'Académie française en 1994; **Jean Orizet**, né en 1937, le dernier des aventuriers du verbe; **James Sacré**, né en 1939, le professeur de littérature française aux États-Unis, aux hésitations calculées; **Dominique Fourcade**, né en 1938, à la voix, à la ligne dont la puissance interroge l'espace; **Marie Etienne**, née en 1938, prix Mallarmé 1997 avec Anatolie.

Jean-Claude Pirotte (1939-2014), avec, au fil des vers, les pleins soleils de l'émerveillement; **Emmanuel Hocquard** (1940-2019) : « Mon art : de brusques contrastes entre un prosaïsme trivial et de nostalgiques élans de l'âme »; **Jean-Luc Steinmetz**, né en 1940, à la recherche du sens pur; **Daniel Biga**, né en 1940, « né nu vêtu truqué vivant si peu »; **Jacques Ancet**, né en 1942 qui nous demande : « C'est la brume la feuille qui tombe dans quelle mémoire quel futur… »; **Tristan Cabral,** né en 1944, le révolté, l'engagé, le voyageur; **Jean-Luc Parant**, né en 1944, le fabricant de « boules et de textes sur les yeux » ; **Henri Droguet**, né en 1944, et ses Chants du cygne avec tambourins et flutiaux ; **Louis Dubost** (né en 1945), poète philosophe et fondateur du Dé bleu ; **Christian Prigent**, né en 1945, dont l'allure « carnavalesque » du texte emporte sur les crêtes amusées du sens en goguette ; **André Velter** né en 1945, aux recueils souvent inspirés par les déserts et les solitudes de Haute-Asie ; **Bernard Bourel**, né en 1946, joyau d'émotion ; **Denis Grozdanovitch**, né en 1946, qui se penche sur *La Faculté des choses* ; **Esther Tellermann**, née en 1947, où l'on fréquente l'au-delà des mots, l'en-deçà des images, dans ces territoires où la pensée se nourrit des lumineux hasards qui la frôlent ; n'oubliez pas **Hubert Haddad**, né en 1947, qui « goûte aux aurores extrêmes » ; **Pierre Drachline** (1948-2015), le libertaire à la lucidité désenchantée, l'infiniment aimable misanthrope ; **Roland Halbert**, né en 1948, l'étonnant et patient créateur de haïkus ; **Patrice Delbourg**, né en 1949, prince de l'humour à la ligne nonchalante et sincère ;

N'oubliez pas **Jean-Louis Giovannoni**, né en 1950, une écriture qui inventorie ses butins au retour des virées de solitude en soi, des traversées de l'absence ; **Jean-Pierre Siméon**, né en 1950 *La Poésie* *sauvera le monde*; **Bernard Bretonnière**, né en 1950, le poète-énumérateur; **Jean-François Dubois**, né en 1950, présence délicate et douce dans le jadis et naguère réunis; **Jean-Michel Maulpoix**, né en 1952, gardien de la vérité lyrique; **Christian Bulting**, né en 1953, à la poésie claire, simple, quotidienne **Roger Lahu,** né en 1953, « poète de l'instantané, auteur de brefs poèmes proprement miraculeux dans leur simplicité » selon Bretonnière; **Yvon Le Men**, né en 1953, l'étonnant voyageur vers les îles perdues et les festivals; **Yves di Manno**, né en 1954, qui regarde la ville et ses enfants blessés, le béton et ses passants meurtris, le gris du ciel que becquettent des tours sans raison; **Yves Leclair**, né en 1954, cueilleur de de sensations, de brumes et de frissons dans l'immensité végétale; **Dominique Sampiero**, né en 1954, qui donne aux mots le sillage apaisé du sanglot; **Pierre Vavasseur**, né en 1955, le chanteur, l'enchanteur; **Bernard Ripoche**, né en 1955, que le poète nantais **Yves Cosson** (1919-2012) qualifie justement de « funambule-somnambule » et de « piéton de l'air »; **Antoine Emaz**, né en 1955, qui défie le monde, « sa violence, sa bêtise et son injustice »; **Benoît Conort**, né en 1956, le poète du voyage en « Main de nuit »; **Philippe Truchon**

(1957-2003), le Révolté symphonique; avec **Jean-Michel Espitallier**, né en 1957, « Où va-t-on? ».

N'oubliez pas **Ariane Dreyfus**, née en 1958, qui aime « garder dans l'oreille la référence au phrasé « naturel », à ne pas confondre avec la correction grammaticale »; **Christine Guénanten**, née en 1958, *Un ange à la fenêtre*; **Dominique Chipot**, né en 1958, excellent haïjin; **Zoé Valdès**, née en 1959, Cubaine et Française à Paris, « Une habanera à Paris »; **Charles Dantzig**, né en 1961, observateur « de la ville, de la rue, de soi-même dans le monde jugé fort ou perdu »; **Jean-Pascal Dubost**, né en 1963, et ses *Fantasqueries*, son « Jour à peine écrit »; **Philippe Beck**, né en 1963, professeur de philosophie à Nantes, auteur de *Dernière mode familiale*; **Nathalie Quintane**, née en 1964, aux étonnants assemblages et fragmentations de phrases; **Charles Pennequin**, né en 1965, qui écrit des poèmes « simplifiés, standards, bêtes », dit-il, mais pas si bêtes; **Olivier Barbarant** né en 1966 qui affirme: « L'espoir alors? Autant chercher un brin de foin/Dans une meule d'aiguilles »; **Thierry Clermont**, né en 1966, amoureux de Venise et du *Rire des belettes*; **Valérie Rouzeau**, née en 1967, qui nous assure ceci: « Je mettrais le chagrin en boîte avec un jeu de mots facile »;

n'oubliez pas **Sandrine Rotil-Tiefenbach**, née en 1971, avec *Dernière fin du monde avant le matin*, **Albane Gellé**, née en 1971, aux mots économes et denses à la fois, à l'enchanteur *Je, cheval* ; **Magali Thuillier**, née en 1972, cuisinière des mots qui vous prépare *Des rêves au fond des fleurs* ; **Armelle Leclercq**, née en 1973, et ses *Équinoxiales* ; **Nolwenn Euzen**, née en 1976, pour qui le poème est « un exercice d'acrobate en perpétuel recherche d'équilibre et de déséquilibre » ; **Thomas Vinau**, né en 1978, le grand souffle du Luberon aux *100 voyages immobiles* ; **Matthias Vincenot**, né en 1981, qui a donné pour devise au festival qu'il a créé : « Croiser poésie et chanson, univers et styles, dans un esprit d'ouverture et de découverte » ; **François-Xavier Maigre**, né en 1982, infatigable pèlerin du « secret des ombres » dans *La poigne du vent*.

DE LA FABLE

•

La Fontaine

Le Loup et l'Agneau

La raison du plus fort est toujours la meilleure :
Nous l'allons montrer tout à l'heure.
Un Agneau se désaltérait
Dans le courant d'une onde pure.
Un Loup survient à jeun qui cherchait aventure,
Et que la faim en ces lieux attirait.
Qui te rend si hardi de troubler mon breuvage ?
Dit cet animal plein de rage :
Tu seras châtié de ta témérité.
– Sire, répond l'Agneau, que votre Majesté
Ne se mette pas en colère ;
Mais plutôt qu'elle considère
Que je me vas désaltérant
Dans le courant,
Plus de vingt pas au-dessous d'Elle,
Et que par conséquent, en aucune façon,
Je ne puis troubler sa boisson.
– Tu la troubles, reprit cette bête cruelle,
Et je sais que de moi tu médis l'an passé.
– Comment l'aurais-je fait si je n'étais pas né ?

Reprit l'Agneau, je tète encor ma mère.
– Si ce n'est toi, c'est donc ton frère.
– Je n'en ai point. – C'est donc quelqu'un des tiens :
Car vous ne m'épargnez guère,
Vous, vos bergers, et vos chiens.
On me l'a dit : il faut que je me venge.
Là-dessus, au fond des forêts
Le Loup l'emporte, et puis le mange,
Sans autre forme de procès.

FABLES, LIVRE I

Le Corbeau et le Renard

Maître Corbeau, sur un arbre perché,
Tenait en son bec un fromage.
Maître Renard, par l'odeur alléché,
Lui tint à peu près ce langage :
« Hé ! bonjour, Monsieur du Corbeau.
Que vous êtes joli ! que vous me semblez beau !
Sans mentir, si votre ramage
Se rapporte à votre plumage,
Vous êtes le Phénix des hôtes de ces bois. »
À ces mots le Corbeau ne se sent pas de joie ;
Et pour montrer sa belle voix,
Il ouvre un large bec, laisse tomber sa proie.

Le Renard s'en saisit, et dit : « Mon bon Monsieur,
Apprenez que tout flatteur
Vit aux dépens de celui qui l'écoute :
Cette leçon vaut bien un fromage, sans doute. »
Le Corbeau, honteux et confus,
Jura, mais un peu tard, qu'on ne l'y prendrait plus.

Fables, livre I

La Cigale et la Fourmi

La Cigale, ayant chanté
Tout l'été,
Se trouva fort dépourvue
Quand la bise fut venue :
Pas un seul petit morceau
De mouche ou de vermisseau.
Elle alla crier famine
Chez la Fourmi sa voisine,
La priant de lui prêter
Quelque grain pour subsister
Jusqu'à la saison nouvelle.
« Je vous paierai, lui dit-elle,
Avant l'Août, foi d'animal,
Intérêt et principal. »
La Fourmi n'est pas prêteuse :

C'est là son moindre défaut.
Que faisiez-vous au temps chaud ?
Dit-elle à cette emprunteuse.
– Nuit et jour à tout venant
Je chantais, ne vous déplaise.
– Vous chantiez ? j'en suis fort aise.
Eh bien ! dansez maintenant.

Fables, livre I

Le Chêne et le Roseau

Le Chêne un jour dit au Roseau :
« Vous avez bien sujet d'accuser la Nature ;
Un Roitelet pour vous est un pesant fardeau.
Le moindre vent, qui d'aventure
Fait rider la face de l'eau,
Vous oblige à baisser la tête :
Cependant que mon front, au Caucase pareil,
Non content d'arrêter les rayons du soleil,
Brave l'effort de la tempête.
Tout vous est Aquilon, tout me semble Zéphyr.
Encor si vous naissiez à l'abri du feuillage
Dont je couvre le voisinage,
Vous n'auriez pas tant à souffrir :
Je vous défendrais de l'orage ;

Mais vous naissez le plus souvent
Sur les humides bords des Royaumes du vent.
La nature envers vous me semble bien injuste.
– Votre compassion, lui répondit l'Arbuste,
Part d'un bon naturel ; mais quittez ce souci.
Les vents me sont moins qu'à vous redoutables.
Je plie, et ne romps pas. Vous avez jusqu'ici
Contre leurs coups épouvantables
Résisté sans courber le dos ;
Mais attendons la fin. « Comme il disait ces mots,
Du bout de l'horizon accourt avec furie
Le plus terrible des enfants
Que le Nord eût portés jusque-là dans ses flancs.
L'Arbre tient bon ; le Roseau plie.
Le vent redouble ses efforts,
Et fait si bien qu'il déracine
Celui de qui la tête au Ciel était voisine
Et dont les pieds touchaient à l'Empire des Morts.

FABLES, LIVRE I

Le Lion amoureux

Sévigné, de qui les attraits
Servent aux Grâces de modèle,
Et qui naquîtes toute belle,
A votre indifférence près,
Pourriez-vous être favorable
Aux jeux innocents d'une Fable,
Et voir, sans vous épouvanter,
Un Lion qu'Amour sut dompter ?
Amour est un étrange maître.
Heureux qui peut ne le connaître
Que par récit, lui ni ses coups !
Quand on en parle devant vous,
Si la vérité vous offense,
La Fable au moins se peut souffrir :
Celle-ci prend bien l'assurance
De venir à vos pieds s'offrir,
Par zèle et par reconnaissance.

Du temps que les bêtes parlaient,
Les Lions entre autres voulaient
Etre admis dans notre alliance.
Pourquoi non ? puisque leur engeance
Valait la nôtre en ce temps-là,
Ayant courage, intelligence,

Et belle hure outre cela.
Voici comment il en alla :
Un Lion de haut parentage,
En passant par un certain pré,
Rencontra Bergère à son gré :
Il la demande en mariage.
Le père aurait fort souhaité
Quelque gendre un peu moins terrible.
La donner lui semblait bien dur ;
La refuser n'était pas sûr ;
Même un refus eût fait possible
Qu'on eût vu quelque beau matin
Un mariage clandestin.
Car outre qu'en toute manière
La belle était pour les gens fiers,
Fille se coiffe volontiers
D'amoureux à longue crinière.
Le Père donc ouvertement
N'osant renvoyer notre amant,
Lui dit : « Ma fille est délicate ;
Vos griffes la pourront blesser
Quand vous voudrez la caresser.
Permettez donc qu'à chaque patte
On vous les rogne, et pour les dents,
Qu'on vous les lime en même temps.

Vos baisers en seront moins rudes,
Et pour vous plus délicieux ;
Car ma fille y répondra mieux,
Etant sans ces inquiétudes.
Le Lion consent à cela,
Tant son âme était aveuglée !
Sans dents ni griffes le voilà,
Comme place démantelée.
On lâcha sur lui quelques chiens :
Il fit fort peu de résistance.
Amour, Amour, quand tu nous tiens
On peut bien dire : « Adieu prudence. »

Fables, livre IV

Le Petit Poisson et le Pêcheur

Petit Poisson deviendra grand
Pourvu que Dieu lui prête vie ;
Mais le lâcher en attendant,
Je tiens pour moi que c'est folie :
Car de le rattraper il n'est pas trop certain
Un Carpeau qui n'était encore que fretin,
Fut pris par un Pêcheur au bord d'une rivière.
« Tout fait nombre, dit l'homme en voyant son butin ;

Voilà commencement de chère et de festin :
Mettons-le en notre gibecière. »
Le pauvre carpillon lui dit en sa manière :
« Que ferez-vous de moi ? Je ne saurais fournir
Au plus qu'une demi-bouchée ;
Laissez-moi carpe devenir :
Je serai par vous repêchée.
Quelque gros partisan m'achètera bien cher :
Au lieu qu'il vous en faut chercher
Peut-être encor cent de ma taille
Pour faire un plat. Quel plat ? croyez-moi, rien qui vaille.
– Rien qui vaille ? Eh bien soit, repartit le Pêcheur ;
Poisson, mon bel ami, qui faites le prêcheur,
Vous irez dans la poêle ; et vous avez beau dire,
Dès ce soir on vous fera frire. »

Un Tiens vaut, ce dit-on, mieux que deux Tu l'auras :
L'un est sûr, l'autre ne l'est pas.

FABLES, LIVRE V

Le Laboureur et ses Enfants

Travaillez, prenez de la peine :
C'est le fonds qui manque le moins.
Un riche Laboureur, sentant sa mort prochaine,
Fit venir ses Enfants, leur parla sans témoins.
« Gardez-vous, leur dit-il, de vendre l'héritage
Que nous ont laissé nos parents :
Un trésor est caché dedans.
Je ne sais pas l'endroit ; mais un peu de courage
Vous le fera trouver, vous en viendrez à bout.
Remuez votre champ dès qu'on aura fait l'oût.
Creusez, fouillez, bêchez ; ne laissez nulle place
Où la main ne passe et repasse. »
Le père mort, les fils vous retournent le champ,
Deçà, delà, partout ; si bien qu'au bout de l'an
Il en rapporta davantage.
D'argent, point de caché. Mais le père fut sage
De leur montrer avant sa mort
Que le travail est un trésor.

Fables, LIVRE V

Le Cochet, le Chat, et le Souriceau

Un Souriceau tout jeune, et qui n'avait rien vu,
Fut presque pris au dépourvu.
Voici comme il conta l'aventure à sa mère :
J'avais franchi les Monts qui bornent cet État,
Et trottais comme un jeune Rat
Qui cherche à se donner carrière,
Lorsque deux animaux m'ont arrêté les yeux :
L'un doux, bénin et gracieux,
Et l'autre turbulent, et plein d'inquiétude.
Il a la voix perçante et rude,
Sur la tête un morceau de chair,
Une sorte de bras dont il s'élève en l'air
Comme pour prendre sa volée,
La queue en panache étalée.
Or c'était un Cochet dont notre Souriceau
Fit à sa mère le tableau,
Comme d'un animal venu de l'Amérique.
Il se battait, dit-il, les flancs avec ses bras,
Faisant tel bruit et tel fracas,
Que moi, qui grâce aux Dieux, de courage me pique,
En ai pris la fuite de peur,
Le maudissant de très bon cœur.
Sans lui j'aurais fait connaissance

Avec cet animal qui m'a semblé si doux.
Il est velouté comme nous,
Marqueté, longue queue, une humble contenance ;
Un modeste regard, et pourtant l'œil luisant :
Je le crois fort sympathisant
Avec Messieurs les Rats ; car il a des oreilles
En figure aux nôtres pareilles.
Je l'allais aborder, quand d'un son plein d'éclat
L'autre m'a fait prendre la fuite.
– Mon fils, dit la Souris, ce doucet est un Chat,
Qui sous son minois hypocrite
Contre toute ta parenté
D'un malin vouloir est porté.
L'autre animal tout au contraire
Bien éloigné de nous mal faire,
Servira quelque jour peut-être à nos repas.
Quant au Chat, c'est sur nous qu'il fonde sa cuisine.
Garde-toi, tant que tu vivras,
De juger des gens sur la mine.

Fables, livre VI

La Laitière et le Pot au lait

Perrette sur sa tête ayant un Pot au lait
Bien posé sur un coussinet,
Prétendait arriver sans encombre à la ville.
Légère et court vêtue elle allait à grands pas ;
Ayant mis ce jour-là, pour être plus agile,
Cotillon simple, et souliers plats.
Notre laitière ainsi troussée
Comptait déjà dans sa pensée
Tout le prix de son lait, en employait l'argent,
Achetait un cent d'œufs, faisait triple couvée ;
La chose allait à bien par son soin diligent.
Il m'est, disait-elle, facile,
D'élever des poulets autour de ma maison :
Le Renard sera bien habile,
S'il ne m'en laisse assez pour avoir un cochon.
Le porc à s'engraisser coûtera peu de son ;
Il était quand je l'eus de grosseur raisonnable :
J'aurai le revendant de l'argent bel et bon.
Et qui m'empêchera de mettre en notre étable,
Vu le prix dont il est, une vache et son veau,
Que je verrai sauter au milieu du troupeau ?
Perrette là-dessus saute aussi, transportée.
Le lait tombe ; adieu veau, vache, cochon, couvée ;

La dame de ces biens, quittant d'un œil marri
Sa fortune ainsi répandue,
Va s'excuser à son mari
En grand danger d'être battue.
Le récit en farce en fut fait;
On l'appela le Pot au lait.

Quel esprit ne bat la campagne?
Qui ne fait châteaux en Espagne?
Picrochole, Pyrrhus, la Laitière, enfin tous,
Autant les sages que les fous?
Chacun songe en veillant, il n'est rien de plus doux:
Une flatteuse erreur emporte alors nos âmes:
Tout le bien du monde est à nous,
Tous les honneurs, toutes les femmes.
Quand je suis seul, je fais au plus brave un défi;
Je m'écarte, je vais détrôner le Sophi;
On m'élit roi, mon peuple m'aime;
Les diadèmes vont sur ma tête pleuvant:
Quelque accident fait-il que je rentre en moi-même;
Je suis gros Jean comme devant.

Fables, livre VII

Le Héron

Un jour, sur ses longs pieds, allait je ne sais où,
Le Héron au long bec emmanché d'un long cou.
Il côtoyait une rivière.
L'onde était transparente ainsi qu'aux plus beaux jours ;
Ma commère la carpe y faisait mille tours
Avec le brochet son compère.
Le Héron en eût fait aisément son profit :
Tous approchaient du bord, l'oiseau n'avait qu'à
[prendre ;
Mais il crut mieux faire d'attendre
Qu'il eût un peu plus d'appétit.
Il vivait de régime, et mangeait à ses heures.
Après quelques moments l'appétit vint : l'oiseau
S'approchant du bord vit sur l'eau
Des Tanches qui sortaient du fond de ces demeures.
Le mets ne lui plut pas ; il s'attendait à mieux
Et montrait un goût dédaigneux
Comme le rat du bon Horace.
Moi des Tanches ? dit-il, moi Héron que je fasse
Une si pauvre chère ? Et pour qui me prend-on ?
La Tanche rebutée il trouva du goujon.
Du goujon ! c'est bien là le dîner d'un Héron !
J'ouvrirais pour si peu le bec ! aux Dieux ne plaise !

Il l'ouvrit pour bien moins : tout alla de façon
Qu'il ne vit plus aucun poisson.
La faim le prit, il fut tout heureux et tout aise
De rencontrer un limaçon.

Ne soyons pas si difficiles :
Les plus accommodants ce sont les plus habiles :
On hasarde de perdre en voulant trop gagner.
Gardez-vous de rien dédaigner.

Fables, livre VII

Le Chat, la Belette, et le petit Lapin

Du palais d'un jeune Lapin
Dame Belette un beau matin
S'empara ; c'est une rusée.
Le Maître étant absent, ce lui fut chose aisée.
Elle porta chez lui ses pénates un jour
Qu'il était allé faire à l'Aurore sa cour,
Parmi le thym et la rosée.
Après qu'il eut brouté, trotté, fait tous ses tours,
Janot Lapin retourne aux souterrains séjours.
La Belette avait mis le nez à la fenêtre.
O Dieux hospitaliers, que vois-je ici paraître ?
Dit l'animal chassé du paternel logis :

O là, Madame la Belette,
Que l'on déloge sans trompette,
Ou je vais avertir tous les rats du pays.
La Dame au nez pointu répondit que la terre
Etait au premier occupant.
C'était un beau sujet de guerre
Qu'un logis où lui-même il n'entrait qu'en rampant.
Et quand ce serait un Royaume
Je voudrais bien savoir, dit-elle, quelle loi
En a pour toujours fait l'octroi
A Jean fils ou neveu de Pierre ou de Guillaume,
Plutôt qu'à Paul, plutôt qu'à moi.
Jean Lapin allégua la coutume et l'usage.
Ce sont, dit-il, leurs lois qui m'ont de ce logis
Rendu maître et seigneur, et qui de père en fils,
L'ont de Pierre à Simon, puis à moi Jean, transmis.
Le premier occupant est-ce une loi plus sage?
- Or bien sans crier davantage,
Rapportons-nous, dit-elle, à Raminagrobis.
C'était un chat vivant comme un dévot ermite,
Un chat faisant la chattemite,
Un saint homme de chat, bien fourré, gros et gras,
Arbitre expert sur tous les cas.
Jean Lapin pour juge l'agrée.
Les voilà tous deux arrivés

Devant sa majesté fourrée.
Grippeminaud leur dit : Mes enfants, approchez,
Approchez, je suis sourd, les ans en sont la cause.
L'un et l'autre approcha ne craignant nulle chose.
Aussitôt qu'à portée il vit les contestants,
Grippeminaud le bon apôtre
Jetant des deux côtés la griffe en même temps,
Mit les plaideurs d'accord en croquant l'un et l'autre.
Ceci ressemble fort aux débats qu'ont parfois
Les petits souverains se rapportants aux Rois.

Fables, livre VII

Le Coche et la Mouche

Dans un chemin montant, sablonneux, malaisé,
Et de tous les côtés au Soleil exposé,
Six forts chevaux tiraient un Coche.
Femmes, Moine, vieillards, tout était descendu.
L'attelage suait, soufflait, était rendu.
Une Mouche survient, et des chevaux s'approche ;
Prétend les animer par son bourdonnement ;
Pique l'un, pique l'autre, et pense à tout moment
Qu'elle fait aller la machine,
S'assied sur le timon, sur le nez du Cocher ;
Aussitôt que le char chemine,

Et qu'elle voit les gens marcher,
Elle s'en attribue uniquement la gloire ;
Va, vient, fait l'empressée ; il semble que ce soit
Un Sergent de bataille allant en chaque endroit
Faire avancer ses gens, et hâter la victoire.
La Mouche en ce commun besoin
Se plaint qu'elle agit seule, et qu'elle a tout le soin ;
Qu'aucun n'aide aux chevaux à se tirer d'affaire.
Le Moine disait son Bréviaire ;
Il prenait bien son temps ! une femme chantait ;
C'était bien de chansons qu'alors il s'agissait !
Dame Mouche s'en va chanter à leurs oreilles,
Et fait cent sottises pareilles.
Après bien du travail le Coche arrive au haut.
Respirons maintenant, dit la Mouche aussitôt :
J'ai tant fait que nos gens sont enfin dans la plaine.
Çà, Messieurs les Chevaux, payez-moi de ma peine.

Ainsi certaines gens, faisant les empressés,
S'introduisent dans les affaires :
Ils font partout les nécessaires,
Et, partout importuns, devraient être chassés.

Fables, livre VII

Les Animaux malades de la peste

Un mal qui répand la terreur,
Mal que le ciel en sa fureur
Inventa pour punir les crimes de la terre,
La peste (puisqu'il faut l'appeler par son nom),
Capable d'enrichir en un jour l'Achéron,
Faisait aux animaux la guerre.
Ils ne mouraient pas tous, mais tous étaient frappés :
On n'en voyait point d'occupés
A chercher le soutien d'une mourante vie ;
Nul mets n'excitait leur envie ;
Ni loups ni renards n'épiaient
La douce et l'innocente proie.
Les tourterelles se fuyaient :
Plus d'amour, partant plus de joie.
Le lion tint conseil, et dit : « Mes chers amis,
Je crois que le Ciel a permis
Pour nos péchés cette infortune ;
Que le plus coupable de nous
Se sacrifie aux traits du céleste courroux,
Peut-être il obtiendra la guérison commune.
L'histoire nous apprend qu'en de tels accidents
On fait de pareils dévouements :
Ne nous flattons donc point ; voyons sans indulgence

L'état de notre conscience
Pour moi, satisfaisant mes appétits gloutons,
J'ai dévoré force moutons.
Que m'avaient-ils fait ? Nulle offense :
Même il m'est arrivé quelquefois de manger
Le berger.
Je me dévouerai donc, s'il le faut ; mais je pense
Qu'il est bon que chacun s'accuse ainsi que moi :
Car on doit souhaiter, selon toute justice,
Que le plus coupable périsse.
– Sire, dit le Renard, vous êtes trop bon roi ;
Vos scrupules font voir trop de délicatesse.
Eh bien, manger moutons, canaille, sotte espèce.
Est-ce un péché ? Non, non. Vous leur fîtes, Seigneur,
En les croquant, beaucoup d'honneur.
Et quant au berger l'on peut dire
Qu'il était digne de tous maux,
Étant de ces gens-là qui sur les animaux
Se font un chimérique empire. »
Ainsi dit le Renard, et flatteurs d'applaudir.
On n'osa trop approfondir
Du tigre, ni de l'ours, ni des autres puissances,
Les moins pardonnables offenses.
Tous les gens querelleurs, jusqu'aux simples mâtins,
Au dire de chacun, étaient de petits saints.

L'Âne vint à son tour, et dit : « J'ai souvenance
Qu'en un pré de moines passant,
La faim, l'occasion, l'herbe tendre, et, je pense,
Quelque diable aussi me poussant,
Je tondis de ce pré la largeur de ma langue.
Je n'en avais nul droit, puisqu'il faut parler net. »
A ces mots on cria haro sur le baudet.
Un Loup, quelque peu clerc, prouva par sa harangue
Qu'il fallait dévouer ce maudit animal,
Ce pelé, ce galeux, d'où venait tout le mal.
Sa peccadille fut jugée un cas pendable.
Manger l'herbe d'autrui ! quel crime abominable !
Rien que la mort n'était capable
D'expier son forfait : on le lui fit bien voir.
Selon que vous serez puissant ou misérable,
Les jugements de cour vous rendront blanc ou noir.

Fables, LIVRE VII

Les Deux Pigeons

Deux Pigeons s'aimaient d'amour tendre.
L'un d'eux s'ennuyant au logis
Fut assez fou pour entreprendre
Un voyage en lointain pays.
L'autre lui dit : Qu'allez-vous faire ?

Voulez-vous quitter votre frère ?
L'absence est le plus grand des maux :
Non pas pour vous, cruel. Au moins, que les travaux,
Les dangers, les soins du voyage,
Changent un peu votre courage.
Encor si la saison s'avançait davantage !
Attendez les zéphyrs. Qui vous presse ? Un corbeau
Tout à l'heure annonçait malheur à quelque oiseau.
Je ne songerai plus que rencontre funeste,
Que Faucons, que réseaux. Hélas, dirai-je, il pleut :
Mon frère a-t-il tout ce qu'il veut,
Bon soupé, bon gîte, et le reste ?
Ce discours ébranla le coeur
De notre imprudent voyageur ;
Mais le désir de voir et l'humeur inquiète
L'emportèrent enfin. Il dit : Ne pleurez point :
Trois jours au plus rendront mon âme satisfaite ;
Je reviendrai dans peu conter de point en point
Mes aventures à mon frère.
Je le désennuierai : quiconque ne voit guère
N'a guère à dire aussi. Mon voyage dépeint
Vous sera d'un plaisir extrême.
Je dirai : J'étais là ; telle chose m'avint ;
Vous y croirez être vous-même.
À ces mots en pleurant ils se dirent adieu.

Le voyageur s'éloigne ; et voilà qu'un nuage
L'oblige de chercher retraite en quelque lieu.
Un seul arbre s'offrit, tel encor que l'orage
Maltraita le Pigeon en dépit du feuillage.
L'air devenu serein, il part tout morfondu,
Sèche du mieux qu'il peut son corps chargé de pluie,
Dans un champ à l'écart voit du blé répandu,
Voit un pigeon auprès ; cela lui donne envie :
Il y vole, il est pris : ce blé couvrait d'un las,
Les menteurs et traîtres appas.
Le las était usé ! si bien que de son aile,
De ses pieds, de son bec, l'oiseau le rompt enfin.
Quelque plume y périt ; et le pis du destin
Fut qu'un certain Vautour à la serre cruelle
Vit notre malheureux, qui, traînant la ficelle
Et les morceaux du las qui l'avait attrapé,
Semblait un forçat échappé.
Le vautour s'en allait le lier, quand des nues
Fond à son tour un Aigle aux ailes étendues.
Le Pigeon profita du conflit des voleurs,
S'envola, s'abattit auprès d'une masure,
Crut, pour ce coup, que ses malheurs
Finiraient par cette aventure ;
Mais un fripon d'enfant, cet âge est sans pitié,
Prit sa fronde et, du coup, tua plus d'à moitié

La volatile malheureuse,
Qui, maudissant sa curiosité,
Traînant l'aile et tirant le pié,
Demi-morte et demi-boiteuse,
Droit au logis s'en retourna.
Que bien, que mal, elle arriva
Sans autre aventure fâcheuse.
Voilà nos gens rejoints ; et je laisse à juger
De combien de plaisirs ils payèrent leurs peines.
Amants, heureux amants, voulez-vous voyager ?
Que ce soit aux rives prochaines ;
Soyez-vous l'un à l'autre un monde toujours beau,
Toujours divers, toujours nouveau ;
Tenez-vous lieu de tout, comptez pour rien le reste ;
J'ai quelquefois aimé ! je n'aurais pas alors
Contre le Louvre et ses trésors,
Contre le firmament et sa voûte céleste,
Changé les bois, changé les lieux
Honorés par les pas, éclairés par les yeux
De l'aimable et jeune Bergère
Pour qui, sous le fils de Cythère,
Je servis, engagé par mes premiers serments.
Hélas ! quand reviendront de semblables moments ?
Faut-il que tant d'objets si doux et si charmants
Me laissent vivre au gré de mon âme inquiète ?

Ah! si mon coeur osait encor se renflammer!
Ne sentirai-je plus de charme qui m'arrête?
Ai-je passé le temps d'aimer?

Fables, livre IX

L'Amour et la Folie

Tout est mystère dans l'Amour,
Ses flèches, son Carquois, son Flambeau, son Enfance.
Ce n'est pas l'ouvrage d'un jour
Que d'épuiser cette Science.
Je ne prétends donc point tout expliquer ici.
Mon but est seulement de dire, à ma manière,
Comment l'Aveugle que voici
(C'est un Dieu), comment, dis-je, il perdit la lumière;
Quelle suite eut ce mal, qui peut-être est un bien;
J'en fais juge un Amant, et ne décide rien.
La Folie et l'Amour jouaient un jour ensemble.
Celui-ci n'était pas encor privé des yeux.
Une dispute vint: l'Amour veut qu'on assemble
Là-dessus le Conseil des Dieux.
L'autre n'eut pas la patience;
Elle lui donne un coup si furieux,
Qu'il en perd la clarté des Cieux.
Vénus en demande vengeance.

Femme et mère, il suffit pour juger de ses cris :
Les Dieux en furent étourdis,
Et Jupiter, et Némésis,
Et les Juges d'Enfer, enfin toute la bande.
Elle représenta l'énormité du cas.
Son fils, sans un bâton, ne pouvait faire un pas :
Nulle peine n'était pour ce crime assez grande.
Le dommage devait être aussi réparé.
Quand on eut bien considéré
L'intérêt du Public, celui de la Partie,
Le résultat enfin de la suprême Cour
Fut de condamner la Folie
À servir de guide à l'Amour.

Fables, livre XII

Florian

Le Grillon

Un pauvre petit grillon
Caché dans l'herbe fleurie
Regardait un papillon
Voltigeant dans la prairie.
L'insecte ailé brillait des plus vives couleurs ;
L'azur, la pourpre et l'or éclataient sur ses ailes ;
Jeune, beau, petit maître, il court de fleurs en fleurs,
Prenant et quittant les plus belles.
Ah ! disait le grillon, que son sort et le mien
Sont différents ! Dame nature
Pour lui fit tout, et pour moi rien.
Je n'ai point de talent, encor moins de figure.
Nul ne prend garde à moi, l'on m'ignore ici-bas :
Autant vaudrait n'exister pas.
Comme il parlait, dans la prairie
Arrive une troupe d'enfants :
Aussitôt les voilà courants
Après ce papillon dont ils ont tous envie.
Chapeaux, mouchoirs, bonnets, servent à l'attraper ;
L'insecte vainement cherche à leur échapper,
Il devient bientôt leur conquête.

L'un le saisit par l'aile, un autre par le corps ;
Un troisième survient, et le prend par la tête :
Il ne fallait pas tant d'efforts
Pour déchirer la pauvre bête.
Oh ! oh ! dit le grillon, je ne suis plus fâché ;
Il en coûte trop cher pour briller dans le monde.
Combien je vais aimer ma retraite profonde !
Pour vivre heureux, vivons caché.

Jean-Pierre Claris de Florian – *Fables*, livre II

LES POÈTES

•

XIIe siècle

❖ **Marie de France** (1154-1189)
Marie de France a vécu à la cour d'Aliénor d'Aquitaine et Henri II Plantagenêt, en Angleterre, dans la seconde moitié du XIIe siècle. Elle a écrit des fables en vers de huit syllabes, et des lais qui sont des nouvelles versifiées – elle les appelle les *Lais bretons*. L'extrait qui se termine par : « Ni vous sans moi, ni moi sans vous », raconte l'amour fou qui unit Tristan à celle qui a été destinée à son oncle, le roi Marc : Iseut. [PAGE 56]

XIIIe siècle

❖ **Rutebeuf** (1230-1285)
Pauvre Rutebeuf ! On le plaint depuis des siècles tant il s'est plaint lui-même ! Il a raison de se plaindre : il nous décrit sa misère qui est telle qu'on aimerait embarquer dans un express à remonter le temps pour aller lui donner quelque réconfort. Mais, notre pauvre Rutebeuf a-t-il été toujours aussi pauvre qu'il nous le dit ? Non, sans doute, car, sous sa plume même, nous résolvons une part du mystère de son dénuement : « Je jure de devenir sobre et mesuré/Mais j'ai déjà fauté/Et je jure de ne plus recommencer.../Tiens donc, brave Rutebeuf : on

fréquente les tavernes, on joue et on y laisse l'argent du ménage ! Pauvre Rutebeuf ! » Guéri du jeu et du cabaret, il ose s'attaquer aux ordres religieux que soutient le roi Louis IX. Mal lui en prend. Il tombe en disgrâce. Ses amis le fuient… C'étaient amis que vent emporte. Pauvre Rutebeuf ! [PAGE 138]

XVe siècle

❖ **Charles d'Orléans** (Paris, 1394-Amboise, 1465)
23 novembre 1407. Le beau, le séducteur Louis d'Orléans, frère du roi fou Charles VI (1368-1422) est assassiné, rue Vieille du Temple à Paris, sur l'ordre de son cousin Jean sans Peur, le méprisé, le moqué, le trompé…

Charles, l'aîné des quatre enfants de Louis d'Orléans, atteint sa treizième année le lendemain, 24 novembre. Orphelin, Charles devient veuf en 1409 : Isabelle de Valois, sa cousine germaine, épousée trois ans auparavant meurt à vingt ans en mettant leur fille au monde. 1415. À Azincourt (dans le Pas-de-Calais), le 25 octobre, dix mille Anglais battent cinquante mille Français parmi lesquels se trouve Charles d'Orléans ; il est fait prisonnier, emmené en Angleterre. Sa captivité va durer vingt-cinq ans ! Il l'adoucit en écrivant des poèmes. Ballades, rondeaux, chansons et complaintes se succèdent et composent une œuvre qui va se prolonger au château de Blois où l'exilé s'installe à son retour, en 1440, où il meurt 25 ans plus tard, à 71 ans. [PAGES 139, 186]

❖ **François Villon** (Paris, 1431-en 1463, il est banni de la ville de Paris ; on ne l'a jamais revu depuis...)
Parce qu'il a tué accidentellement un prêtre bagarreur en 1456, parce qu'il joue les guetteurs lors d'un vol au collège de Navarre à Paris en 1457, parce qu'il se trouve de nouveau mêlé à une rixe de rue en 1462, on considère généralement François Villon comme un mauvais garçon... C'est oublier bien vite qu'en ces temps troublés de l'après guerre de Cent Ans, on peut livrer sans s'en apercevoir son destin aux plus mauvais des hasards ; c'est oublier surtout que de tous les poètes français, François de Moncorbier, dit François Villon, est le plus étonnant, le plus étrange, le plus émouvant. Le plus grand ? Sans aucun doute, mais c'est à vous de décider, après la lecture de ses deux œuvres : *Le Lais* et *Le Testament*. [PAGES 99, 141]

XVIe siècle

❖ **Louise Labé** (Lyon, vers 1520-Parcieux-en-Dombes, 1566)
Fille d'un bourgeois lyonnais, Pierre Charly, appelé Labé, cordier enrichi, Louise épouse en 1545, Ennemond Perrin, également cordier. Elle devient ainsi pour ses

contemporains, ses amants réels ou supposés, et pour la postérité, la Belle Cordière. Elle laisse en héritage un ensemble de poèmes à la fois brillants et brûlants, lumineux et incandescents ; denses, intenses, comme le sont les plus vifs désirs… [PAGES 38, 54, 184]

❖ **Joachim du Bellay** (Liré en Anjou, 1522-Paris, 1560)
Dans les ancêtres de la famille du Bellay, on trouve… Hugues Capet ! Mais, malgré ce fondateur de la dynastie capétienne bien accroché dans les branches de son arbre généalogique, Joachim du Bellay vit chichement près de ses parents, au château de la Trumelière, à Liré, en Anjou. Après ses études à Poitiers, puis à Paris, il vit à Rome auprès de son cousin, le cardinal Jean du Bellay dont il devient le secrétaire. C'est dans la Ville éternelle qu'il écrit son sonnet le plus connu – publié après son retour en France, en 1558, dans le recueil intitulé *Les Regrets* : Heureux qui comme Ulysse… [PAGES 92, 130, 178]

❖ **Clément Marot** (Cahors, 1496-Turin, 1544)
Le père de Clément Marot, originaire de Caen, fut chapelier à Cahors, puis secrétaire d'Anne de Bretagne pour laquelle il écrivait sur commande de jolies pièces de vers. Au service de François Ier ensuite, il lança son fils Clément dans le métier des lettres. Clément, tout feu tout flamme

auprès des dames, écrit des poèmes pleins de charme ou d'ironie, d'inquiétude ou de fantaisie. Protégé par la sœur du roi, Marguerite de Navarre – auteur d'un recueil de nouvelles : l'*Heptaméron* – il montre des sympathies pour les idées de la Réforme, ce qui lui vaut plusieurs séjours en prison, et l'exil. Il meurt à Turin en 1544. [Pages 31, 101]

❖ **Pierre de Ronsard** (Couture-sur-Loir, 1524-Saint-Cosme-en-Lisle, 1585)

À la façon de Pétrarque (1304-1374) et de son amour malheureux pour Laure, Ronsard fait se succéder dans ses odes, sonnets ou autres formes poétiques, des Marie, ou des Hélène qui, repoussant ses ardeurs (ou celles de ses commanditaires), le transforment en prince des poètes – c'est ainsi que, modestement, il se présente lui-même… Mais Ronsard n'est pas que cet amoureux en échec, c'est surtout un passionné de culture grecque et latine, un poète de cour, l'ami des rois Henri II, Charles IX et Henri III. C'est le fondateur d'une brigade de jeunes poètes décidés à rénover la poésie, à lui offrir pour support une langue française enrichie des centaines de mots tout neufs qui lui manquent pour rivaliser avec le latin ! La brigade qui rassemble sept poètes devient, en 1563, la Pléiade, en référence aux sept filles d'Atlas changées en constellation, dans la mythologie.

Ronsard meurt à 61 ans, après avoir terminé la troisième édition de ses œuvres complètes.

Ses œuvres: *Le Premier Livre des odes* (1550) ; *Les amours de Cassandre* (1552) : *Les amours de Marie* (1555) ; *Les hymnes* (1555) ; *La Franciade* (poème inachevé, 1572) ; *Sonnets pour Hélène* (1574). [PAGES 23, 106, 110, 147, 185]

XVIIe siècle

❖ **François de Malherbe** (Caen, 1555-Paris, 1628)
« Enfin Malherbe vint, et, le premier en France,/Fit sentir dans les vers une juste cadence… » Ces deux alexandrins sont de Nicolas Boileau (1636-1711) qui jugeait qu'avant François de Malherbe, on écrivait des vers qui tiraient à hue et à dia.

Ce jugement est excessif: Malherbe a simplement amélioré la clarté de la langue française en dégasconnant la cour (le verbe est inventé par Guez de Balzac, 1595-1654 ; ne le confondez pas avec Honoré du même nom, 1799-1850), c'est-à-dire en supprimant des locutions provinciales, des latinismes en trop grand nombre, apparus au XVIe siècle. Malherbe traçait si mal ses lettres que l'imprimeur du poème *Consolation à Monsieur Du Périer* lut: « Et Rose, elle a vécu ce que vivent les roses » au lieu de l'original: « Et Rosette (prénom de la jeune fille) a vécu ce que vivent les roses ». La version de l'imprimeur est bien la plus jolie… [Page 65]

❖ **François de Mainard** (Toulouse, 1582-Aurillac, 1646)

Joyeux drille d'abord, puis élève du très sérieux, très exigeant Malherbe, François de Mainard (il tentera d'imposer, en vain, sauf en ce livre, cette orthographe au lieu du Maynard qui a survécu…) se marie à trente ans. Il devient en dix ans, le père de huit enfants qu'il faut nourrir en quémandant ici et là des pensions chichement accordées – notamment par Richelieu qui n'aime guère cet ancien noceur, pourtant parfait rimeur ! Il termine sa vie à Saint-Céré, près d'Aurillac, en supportant de douloureux coups du sort. [Page 70]

❖ **Saint-Amant** (Quevilly, 1594-Paris, 1661)

Marc-Antoine Girard qui a préféré se faire appeler le sieur de Saint-Amant – nom sous lequel nous l'avons quasiment oublié aujourd'hui… – fut l'un des premiers académiciens, en 1634, après avoir été soldat, diplomate, puis… poète à la mode. Ses compositions épiques, héroïques ou satiriques, révèlent son esprit vif et brillant, esprit que l'on retrouve dans la partie du dictionnaire de l'Académie qu'il a prise en charge : celle des termes burlesques...

Ses œuvres sont publiées entre 1629 et 1658. [Pages 118, 211]

❖ **Pierre de Marbeuf** (Sahurs, 1596-1645)

Pendant les quatre années qu'il séjourne à Paris, entre 1619 et 1623, Pierre de Marbeuf, originaire de Sahurs, dans l'Eure, se mêle au monde littéraire. Il découvre et utilise habilement les effets de la paronomase – la répétition de sons identiques ou voisins dans des mots de sens différents. Ainsi, l'amour, la mer et la mort se lient sous sa plume experte en harmonies répétitives, intactes aujourd'hui, dans le singulier complot des choses et des mots. [Page 21]

❖ **Georges de Scudéry** (Le Havre, 1601-Paris, 1667)

Georges de Scudéry écrivit avec sa sœur Madeleine, un roman-fleuve qui obtint beaucoup de succès entre 1649 et 1653 : le *Grand Cyrus* (amoureux de Mandane) – qui, en réalité est le Grand Condé, le vainqueur de Rocroi (amoureux de la duchesse de Longueville...). Scudéry, c'est aussi la plume armée de Richelieu, fou jaloux de Corneille qui, en 1636, fait un triomphe avec sa tragi-comédie *Le Cid* ! Le Cardinal charge Scudéry de trouver mille et un défauts à la pièce qui n'en est que plus aimée du public… Finalement, tout s'arrange, le roi Louis XIII ayant réussi à calmer les esprits. Scudéry a laissé quelques charmantes poésies. [PAGE 37]

❖ **Pierre Corneille** (Rouen, 1606-Paris, 1684)
« Mes pareils à deux fois ne se font point connaître/Et pour leurs coups d'essai veulent des coups de maître ! » – « Je suis jeune, il est vrai, mais aux âmes bien nées, la valeur n'attend point le nombre des années ! » – « À qui venge son père, il n'est rien d'impossible/Ton bras est invaincu, mais non pas invincible ! » – « À vaincre sans péril, on triomphe sans gloire ! » – Tous ces alexandrins frappés comme au poinçon dans nos riches mémoires sont signés Pierre Corneille. Ils sont extraits de son drame le plus connu : *Le Cid.*

Timide et jeune avocat de Rouen, Corneille a fait jouer ses premières pièces à Paris ; elles ont obtenu tant de succès, malgré les cabales montées par Richelieu lui-même, qu'on lui en a commandé beaucoup d'autres – *Horace, Cinna, Polyeucte*… Le succès venu, il a continué de vivre à Rouen jusqu'à cinquante-six ans, puis s'est établi à Paris, où, peu à peu, l'oubli va le précipiter dans la gêne. Il meurt en 1684.

Ses œuvres principales : *L'Illusion comique* (1636) ; Le Cid (1637) ; *Horace* (1640) ; Cinna (1641) ; *Polyeucte* (1642) ; *Le Menteur* (1644) ; *Rodogune* (1644) ; *Suréna* (1672) [Pages 111, 143]

❖ **Jean de La Fontaine** (Château-Thierry, 1621-Paris, 1695)

L'image du La Fontaine maître des eaux et forêts se promenant dans les grands bois, et s'asseyant benoîtement au pied d'un arbre pour observer le monde des animaux et des insectes afin de le transposer dans ses fables est à proscrire de votre imagination – si toutefois on l'y a installée… Jean de La Fontaine n'a pas inventé les fables qu'il raconte – à quelques exceptions près. Il les a empruntées aux auteurs grecs, latins, indiens, à ceux du Moyen Âge, à ses contemporains… Où donc est alors son génie ? Eh bien, dans la seule richesse que possède un écrivain : l'écriture !

Le génie de La Fontaine, c'est un art incomparable de la narration, une façon habile et artiste de raconter le détail en conduisant le lecteur vers une idée générale – trop souvent enfermée dans le terme réducteur de morale… Fouquet, son premier mécène, l'apprécia à sa juste valeur. Louis XIV se méfia du bonhomme si prompt à la critique du pouvoir, si hardi ! Au-delà de ses morales, il nous donne encore beaucoup de leçons, aujourd'hui.

Ses œuvres : *Fables* (XII livres de 1668 à 1693) ; *Contes* (de 1665 à 1674) [Pages 171, 246 à 273]

❖ **Nicolas Boileau, dit Boileau-Despréaux** (Paris, 1636-1711)

Orphelin, à vingt mois, en 1638, avec quinze frères et sœurs ! Pas facile de se faire une place dans toute cette famille interminable surtout si on est l'avant-dernier ! Pas facile de supporter la douleur incessante et croissante occasionnée par ce qu'on appelle la maladie de la pierre – un calcul rénal. Et comment se remettre d'une opération pour extraire le calcul, opération qui à l'époque tient davantage de la charcuterie que de la chirurgie – et qui laisse mutilé à vie ? Voilà le début de l'existence de Nicolas Boileau, dit Despréaux d'après le nom d'une terre de famille. Il fait de bonnes études ensuite, et devient avocat à vingt ans, en 1656. Son frère aîné, académicien, le pousse dans le monde. Nicolas Boileau joue de sa plume en bretteur habile contre tout ce qui l'agace, le révolte – contre la noblesse par exemple, ce qui ne déplaît pas à Louis XIV traumatisé par la Fronde. Boileau écrit ensuite et surtout un *Art poétique* composé de 1 100 vers, publié en 1674, et toujours en vigueur près de trois siècles et demi plus tard…

Ses œuvres : *Les Satires* (1666–1668) ; *Épîtres* (1669-1698) ; *Le Lutrin* (1672-1683) ; *L'Art poétique* (1674). [Page 192]

❖ **Jean Racine** (La Ferté-Milon, 1639-Paris, 1699)
Le doux Racine ? Celui qui fait dire à Andromaque, la veuve d'Hector, captive de Pyrrhus qui la convoite : « Je passais jusqu'aux lieux où l'on garde mon fils/Puisqu'une fois le jour vous souffrez que je voie/Le seul bien qui me reste d'Hector et de Troie :/J'allais, Seigneur, pleurer un moment avec lui/Je ne l'ai point encore embrassé d'aujourd'hui. » (n'est-ce pas que c'est émouvant ?). Le cynique, l'inquiétant Racine ?… qui montre un Néron se repaissant de la douleur de Junie qu'il a fait arrêter par ses gardes – il veut ravir la jeune fille à son amant : Britannicus – ; il la voit alors passer dans le simple appareil d'une beauté qu'on vient d'arracher au sommeil… (en trois lettres, cela donne : nue).

Le calculateur, l'ingrat Racine ?… qui trahit Molière, et tous ceux qui l'ont aidé, aimé. L'arriviste ?… historiographe du Roi-Soleil, Louis XIV ! Qui était Jean Racine ? Doux, peut-être ; cynique, sans doute ; calculateur, voire… Plus sûrement, Racine fut et demeure le fils préféré de la langue française. Voilà bien l'essentiel…

Ses œuvres : *La Thébaïde* (1664) ; *Alexandre le Grand* (1665) ; *Andromaque* (1667) ; *Les Plaideurs* (1668) ; *Britannicus* (1669) ; *Bérénice* (1670) ; *Bajazet* (1672) ; *Mithridate* (1673) ; *Iphigénie* (1674) ; *Phèdre* (1677) ; *Esther* (1689) ; *Athalie* (1691). [PAGES 47, 55, 69, 182]

XVIIIe siècle

❖ **Antoine Houdar de la Motte** (Paris, 1672-Paris, 1731)

Houdar de la Motte incarne la lassitude des nouvelles générations de son temps qui veulent se libérer du carcan classique. Aux commandements de la métrique, des rimes et des rythmes, il rêve de substituer la liberté de la prose où il pressent qu'un jour la poésie saura se déployer. En attendant, il écrit des vers, et, entre autres œuvres, cette fable dont l'ultime alexandrin est devenu célébrissime, bien plus que son auteur… [PAGE 214]

❖ **Antoine de Bertin** (île de la Réunion, 1752-Saint-Domingue, 1790)

Dans les années 1780, à la cour de Versailles, on lit, on fait lire de Bertin, on l'apprend, on le récite, bref, on l'aime ! L'une de ses plus ferventes admiratrices s'appelle

Marie-Antoinette, reine de France ! Heureux Antoine de Bertin qui, en si bon chemin vers la gloire continue de produire de ces élégies qui l'élèvent alors au rang des plus grands. Hélas, ce poète soldat, ou soldat poète, arrivé de l'île de la Réunion (île Bourbon en ce temps-là), meurt à trente-huit ans, oublié, autant qu'aujourd'hui – ou presque, puisqu'il se trouve ici… [PAGE 35]

❖ **André Chénier** (Constantinople, 1762-Paris, 1794)
De quoi était-il donc coupable, André Chénier, pour gravir les marches qui le conduisent à la guillotine, le 25 juillet 1794, vers quatre heures de l'après-midi ? Né à Constantinople, le 30 octobre 1762, fils de Louis Chénier, consul général de France, et d'Élisabeth Santi-Lomaca – orthodoxe et nourrie de culture grecque –, il a passé sa vie à écrire. Des poèmes imités de l'antique, admirés, inimitables ! Et puis, après s'être enthousiasmé pour la Révolution, il s'est emporté contre ses excès, à travers des écrits virulents. C'est là son crime !

Les enragés de 1794 le font arrêter alors qu'il est revenu de son exil londonien. Emprisonné, il va avoir le temps de s'éprendre d'une beauté menacée elle aussi de décapitation – mais qui échappera au couperet – : Aimée de Coigny. C'est elle la jeune captive, son dernier amour. Déclaré prosateur stérile, André Chénier est guillotiné !

Le voici, en ces pages, afin que la mémoire collective ne lui réserve pas le même sort… [PAGES 59, 62]

XIXe siècle

❖ **Marceline Desbordes-Valmore** (Douai, 1786-Paris, 1859)

Pauvre Marceline Desbordes-Valmore! Elle meurt le 25 juillet 1859, à Paris, dans un petit appartement, rue de Rivoli, après une vie de courts bonheurs et de rudes malheurs. Les courts bonheurs sont ceux de sa vie d'actrice et de cantatrice, commencée à son retour de Guadeloupe où l'avait emmenée sa mère après la ruine de la famille. Les rudes malheurs s'abattent sur la petite famille qu'elle tente de construire: d'une première liaison naît un fils qui meurt à l'âge de cinq ans. Elle épouse ensuite Prosper Valmore, mène avec lui une existence plutôt précaire, devient mère de trois enfants dont deux meurent au seuil de l'âge adulte. Malgré le sort qui s'acharne sur sa vie, Marceline Desbordes-Valmore publie de nombreux recueils de poèmes remarqués par Lamartine, Hugo, Baudelaire… Et par vous aujourd'hui! [PAGE 87]

❖ **Jules de Rességuier** (Toulouse, 1788-1862).

Soldat de la campagne d'Espagne, sabreur en Pologne, aristocrate grand crû, revenu en ses foyers à trente ans à peine, en 1811, fatigué de guerroyer, poète ami de Victor Hugo avec lequel il fonde en 1823 *La Muse française*, auteur d'odes au lyrisme tendu, aux vers déclamatifs, exclamatifs, qui se juchent sur quelque mythe pratique pour apercevoir de la Grèce les grâces et les imiter, bref, un poète à peine entré dans le XIXe siècle, à peine sorti du précédent, nous laisse, entre autres œuvres, ce sonnet étonnant, parfait dans la disposition et la qualité de ses rimes, mais irrégulier pour la longueur des vers. Et pour cause : ils ne possèdent qu'une seule syllabe chacun ! [PAGE 213]

❖ **Alphonse de Lamartine** (Mâcon, 1790-Paris, 1869) Grand aristocrate de province, grand royaliste, grand séducteur, grand orateur, poète, Lamartine a installé, dans les territoires de la poésie, un lac que certains jugent profond et d'autres creux…

Profond parce qu'il exprime la douleur sincère d'un amant qui se souvient d'heures heureuses passées auprès de celle qu'il aima, qu'il aime toujours, mais qui n'est plus là – l'amante, Julie Charles, se meurt à Paris, pendant que Lamartine écrit son Lac sur les bords du lac du Bourget, lieu de la rencontre initiale en octobre 1816.

Creux parce que certains se plaignent qu'on y baigne dans un romantisme plaintif, élégiaque à l'excès, et qui multiplie les envolées lyriques sans s'élever bien haut… Mais, Lamartine, ce ne sont pas seulement les Méditations poétiques publiées en 1820 – où l'on trouve *Le Lac* –, ce sont aussi une pièce de théâtre, Jocelyn, un livre d'histoire, celle des Girondins ; c'est une carrière politique qui trouve son apogée et sa fin en 1848 – Lamartine fait adopter le drapeau tricolore – ; c'est une fin de vie dans la ruine et la misère, en 1869. C'est *Le Lac*. [PAGES 95, 174, 196]

❖ **Alfred de Vigny** (Loches, 1797-Paris, 1863)
« J'aime le son du Cor, le soir, au fond des bois,/Soit qu'il chante les pleurs de la biche aux abois,/Ou l'adieu du chasseur que l'écho faible accueille,/Et que le vent du nord porte de feuille en feuille. » Apprîtes-vous ces vers de Vigny – repris par le facétieux Charles Trenet, dans une chanson fort amusante ?… Vigny ne fut point un amuseur. Toujours grave, hiératique, imprégné d'un sentiment de grandeur, il agace ses contemporains qui le lui font parfois cruellement sentir – sa réception à l'Académie française, en 1845, est assortie d'un discours plein d'ironie à son égard ! On retient de sa vie sentimentale une liaison orageuse avec l'actrice Marie Dorval, jusqu'en 1838, année où il décide de vivre dans sa thébaïde de Maine-Giraud, en Charente, loin du monde et du bruit.

Il y écrit *La Mort du loup*. Il y souffre, y meurt sans parler…, en 1863.

Ses œuvres : *Poèmes* (1822) ; *Cinq-Mars* – roman – (1826) ; *Stello* (1832) ; *Chatterton* (1835) ; *Servitude et grandeur militaire* (1835) ; *Les Destinées* (1864). [PAGES 121, 216]

❖ **Victor Hugo** (Besançon, 1802-Paris, 1885)
Villequier, 4 septembre 1843. Charles Vacquerie et Léopoldine Hugo, mariés depuis février, décident d'aller voir leur notaire à Caudebec en Caux, en canot à voile. Au retour, un coup de vent fait chavirer l'embarcation dont les occupants meurent noyés.

Victor Hugo qui revient d'un voyage en Espagne n'apprend la mort de sa fille que cinq jours plus tard, en consultant un journal dans une auberge, par hasard, à Soubise, près de Rochefort. Il croit perdre la raison. Sa douleur sans borne le privera de l'écriture pendant plusieurs années. *Demain, dès l'aube…* est la lettre poignante qu'il écrit à l'absente quatre ans après le drame, le 4 septembre 1847.

Hugo surmonte pourtant ce coup terrible du destin. À sa carrière de poète, de dramaturge – il renouvelle le genre dramatique avec sa pièce *Hernani* –, de romancier, de chroniqueur, s'ajoute celle du politique qui va passer presque vingt années en exil, à Jersey puis Guernesey. De retour en France, accablé de nouveaux deuils, il trouve malgré tout réconfort et bonheur auprès de ses petits-enfants, publie *L'Art d'être grand-père* – « Jeanne était au pain sec ». Quant à sa carrière de séducteur…

Ses œuvres : *Hernani* (1830) ; *Notre-Dame de Paris* (1831) ; *Les Feuilles d'automne* (1831) ; *Ruy Blas* (1838) ; *Les Châtiments* (1853) ; *Les Contemplations* (1856) ; *La Légende des siècles* (1859 et 1877) ; *Les Misérables* (1862) ; *Quatre-vingt-treize* (1874) ; *L'Art d'être grand-père* (1877) [Pages 57, 72, 119, 127]

❖ **Gérard de Nerval** (Paris, 1808-1855)
Condisciple de Théophile Gautier (poète, romancier, 1811-1872), ami de Victor Hugo, collaborateur d'Alexandre Dumas pour des pièces de théâtre à succès, Gérard Labrunie qui prit en 1831 le pseudonyme de Nerval s'éprend d'une actrice, Jenny Colon, qui épouse un musicien. Cet amour malheureux imprègne l'œuvre du poète déjà reconnu par ses pairs. En 1841, Nerval est victime d'une première crise de folie. Il voyage, traduit Faust, écrit, mais rien ne le guérit. Les crises se multiplient. Le 25 janvier 1855 au petit matin, par -18 °C, rue de la Vieille Lanterne, près du Châtelet, Nerval est

retrouvé pendu à une grille. Que s'est-il passé ? Nul ne l'a su, nul ne le sait. Ultime invitation au mystère…

Ses œuvres : *Piquillo* (1837) ; *L'Alchimiste* (1839) ; *Voyage en Orient* (1851) ; *Les Faux Saulniers* (1851) *Petits châteaux de Bohème* (1853) ; *Les Chimères* (1854) *Les Filles du Feu* (1854). [PAGES 36, 81, 104, 142, 146]

❖ **Théophile Gautier** (Tarbes, 1811-Neuilly-sur-Seine, 1872)

Gautier, d'abord romantique, ami de Nerval, a fait partie du cénacle d'Hugo. Devenu journaliste par nécessité, il se fait critique d'art, jugeant de sa plume vive et franche, tout ce qui se peint, s'écrit, se sculpte ou se danse pendant la Monarchie de Juillet. En 1852, Gautier le critique s'efface devant Gautier le poète qui publie son œuvre majeure : *Émaux et Camées.* Il y pousse à l'extrême sa théorie de l'art pour l'art débarrassé de toutes les expressions de la sensibilité. La perfection qu'on y rencontre semble décrire elle-même sa propre forme en prenant pour prétexte des lieux (la *Mansarde*), des objets (la *Montre*), des êtres (l'*Aveugle*), des situations (*Tristesse en mer*). L'ensemble, d'une élégance et d'une pureté glacées, est admiré par ceux qui privilégient la rigueur, la discipline dans la pratique de tous les genres d'écriture. De nombreux artistes le prendront pour modèle – Leconte de Lisle, Flaubert, Baudelaire…

Ses œuvres : *Le Roman de la momie* (1858), *Le Capitaine Fracasse* (1863). [Pages 155, 189]

❖ **Louise Ackermann** (Victorine Choquet ; Paris, 1813-Nice, 1890)
Victorine Choquet naquit en France, y fit ses études, puis se maria à Berlin, à Paul Ackermann, un pasteur protestant. Veuve quelques années plus tard, elle se retire dans un petit domaine qu'elle achète, près de Nice, très affectée par la disparition de celui qui avait su faire son bonheur. Les travaux agricoles auxquels elle se consacre n'étouffent pas son désir d'écrire. Elle publie ses poèmes, pessimistes et lucides. Ils sont à son image – à l'image d'une femme qui comprit bien trop tôt, la vanité de tout serment d'éternité. [Page 113]

❖ **Leconte de Lisle** (Saint-Paul, île de La Réunion, 1818-Louveciennes, 1894)
Foin des jérémiades lamartiniennes, foin des pleureuses aux plumes à rimes, foin des bataillons de poètes qui s'escriment contre la société ! L'art poétique c'est la beauté, la prudence et la pudeur, la retenue, la perfection, l'irréprochable dans la forme, et, dans le fond, l'élévation…

C'est tout cela que prêche à ses fidèles Leconte de Lisle, créant ainsi le mouvement parnassien, opposé au romantisme à la mode.

Ses œuvres : *Poèmes antiques* (1852) ; *Poèmes barbares* (1862) ; *Poèmes tragiques* (1884) ; *Derniers poèmes* (1895). [Page 202]

❖ **Charles Baudelaire** (Paris, 1821-1867)
« Sois sage, ô ma douleur ». Il semble que cette injonction s'échappe de chacun des portraits de Baudelaire, on la sent qui se dessine sur ses lèvres serrées, on la voit qui surgit de son regard d'acier. Douleur ! La douleur est partout dans les vers du poète à la mèche raide, et rebelle. Pas un sourire. Pas un clin d'œil. L'humour en deuil.

Les Fleurs du Mal, recueil paru en juin 1857, dédié à Théophile Gautier, sont condamnées deux mois plus tard, pour… outrage à la morale ! Et ce jugement n'est cassé qu'en 1949 ! Que de malheurs se sont abattus sur la tête de l'infortuné Baudelaire : une syphilis sournoise, rampante, victorieuse finalement ; des amours sans espoir, des trahisons, et cette condamnation… Jusqu'à ce 14 mars 1866 où il tombe dans l'église de Namur, frappé d'un mal qui ne lui laisse jusqu'à sa mort un an plus tard qu'un seul mot : Crénom ! Pourtant, Baudelaire, c'est à coup sûr le plus grand. Entrez dans ses poèmes : la douleur y est bien sage, bien tranquille, elle s'abîme en d'étranges bonheurs, inimitables, uniques. Et, crénom, que c'est beau!

Ses œuvres: *Les Fleurs du mal* (1857); *Le Spleen de Paris* (1862) [PAGES 24, 40, 52, 60, 66, 102, 105, 114, 117, 137, 173, 176]

❖ **François Coppée** (Paris, 1842-1908)
Coppée connut la gloire en son temps non par la poésie mais par le théâtre: le 14 janvier 1869, sa comédie en un acte et vers, *Le Passant*, fut acclamée par un public conquis, heureux de lui faire fête encore en 1870, pour *Deux douleurs*, pièce en un acte et en vers, en 1871, pour *Fais ce que dois*, pour *L'Abandonnée*, en 1872, pour *Les Bijoux de la délivrance*, pour *Le Rendez-vous*... Au total, une quinzaine de pièces, mais aussi une bonne douzaine de romans, et – venons-y – plus de vingt recueils de poèmes!

Que reste-t-il aujourd'hui de cet écrivain d'origine modeste et qui voulut toujours écrire de petites choses sur des petits riens? Il reste cette phrase, cette interrogation, l'ultime vers du poème *Les Oiseaux* qui servit de titre à un roman célèbre – ôtée la mécanique mal huilée de ses trois premières syllabes –: *Est-ce que les oiseaux se cachent pour mourir?* Est-ce là tout ce qui survit de Coppée? Quasiment... [PAGE 61]

❖ **Stéphane Mallarmé** (Paris, 1842-Valvins, 1898)
Étrange, la langue de Mallarmé ! Étrange et envoûtante ! À vrai dire, déroutante, d'abord. Mais lorsqu'on a compris que la règle de son jeu consiste à lancer dans la syntaxe une idée comme on lancerait une boule dans un jeu de quilles, on s'amuse ensuite à remettre debout ce qui paraissait désordre. Tout devient simple alors. On se dit soudain que poésie rime aussi avec facétie. Mais cette première étape franchie, rien, pourtant, n'est résolu. La magie opère encore, l'étrangeté s'accroît. Le sens semble s'enfuir, se mettre en embuscade. Mot par mot, on conquiert le mystère… Mallarmé fut professeur d'anglais, chahuté. Ce chahuteur de mots, d'idées, admiré par ses pairs, mourut subitement, d'un spasme de la gorge. Un engorgement de mots. De mots révoltés. Peut-être…

Ses œuvres : *L'Après-midi d'un faune* (1876) ; *Album de vers et prose* (1887) ; *Les poésies* (1899) ; *Un coup de dés jamais n'abolira le hasard* (publié en 1914) [Pages 16, 28, 84, 168]

❖ **Charles Cros** (Fabrezan, Aude, 1842-Paris, 1888)
Un surdoué, un génie, Charles Cros ! Latin, grec, hébreu, sanscrit, allemand, italien, il possède tout cela parfaitement, mais son cerveau accueille en sciences de telles connaissances qu'il invente le procédé de la photographie

en couleurs, le phonographe… Il rectifie les « mesures des détails figurés sur la planète Mars ». Et puis, il écrit des poèmes, étonnants, drôles, coquins ou poignants. En octobre 1871, il héberge Rimbaud l'errant; leurs voies se brouillent. Qui fut le plus grand? Rimbaud ou Cros? Tout deux égaux? Peut-être l'avantage à… vous de décider!

Ses œuvres: *Le coffret de santal* (1873); *Le fleuve* (1874); *Le collier de griffes* (publié en 1908). [Pages 73, 204]

❖ **José-Maria de Heredia** (Cuba, 1842-Château de Bourdonné, Seine-et-Oise, 1905)

Heredia naît à Cuba. À Santiago de Cuba. Plus exactement, à Fortuna. Il descend de conquistadors espagnols. Son père, planteur de café, a fait fortune. La fortune du père est aussi celle du fils qui s'établit en France. Heredia dispose alors de tout son temps pour ciseler des sonnets qui cultivent la perfection formelle sans chercher à porter vers le lecteur quelque message caché, codé ou profond – ainsi se caractérise le mouvement parnassien. Heredia publie, en 1893, à la demande d'un éditeur, les cent dix-huit sonnets qui composent son œuvre principale: *Les Trophées*. Vous rappelez-vous avoir appris:

« Comme un vol de gerfauts hors du charnier natal,/ Fatigués de porter leurs misères hautaines,/De Palos de

Moguer, routiers et capitaines/Partaient, ivres d'un rêve héroïque et brutal. »

C'est de lui, et cela se termine ainsi :

« Ils allaient conquérir le fabuleux métal/Que Cipango mûrit dans ses mines lointaines,/Et les vents alizés inclinaient leurs antennes/Aux bords mystérieux du monde occidental./Chaque soir, espérant des lendemains épiques,/L'azur phosphorescent de la mer des Tropiques/Enchantait leur sommeil d'un mirage doré ;/Ou penchés à l'avant des blanches caravelles,/Ils regardaient monter en un ciel ignoré/Du fond de l'Océan des étoiles nouvelles. »

Ses œuvres : *Les Trophées* (1893). [Pages 53, 120]

❖ **Paul Verlaine** (Metz, 1844-Paris, 1896)
Amoureux. Verlaine a toujours été amoureux de l'idée même de l'amour, sans jamais réussir à la conduire sur l'étroit sentier du bonheur. Amoureux de sa cousine Élisa Moncomble… frôlements de doigts, regards troublants, gestes équivoques sans doute, rendez-vous secrets, peut-être, peut-être plus encore, sait-on… Mais Élisa se marie à quelqu'un d'autre, attend un enfant. L'enfant naît, sa mère en meurt. Verlaine sombre. Son existence devient celle d'un naufragé qui s'accroche à la poésie, à la fée verte – l'absinthe –, à Rimbaud l'illuminé. Tant de beauté dans ses poèmes, tant d'horreur dans sa vie – violence contre sa

femme Mathilde, contre sa mère… Verlaine des extrêmes. Pour nous, sa poésie. Tout le reste pour l'oubli.

Ses œuvres : *Poèmes saturniens* (1866) ; *Fêtes galantes* (1869) ; *La Bonne Chanson* (1870) ; *Romances sans paroles* (1874) ; *Sagesse* (1881) ; *Jadis et Naguère* (1884) ; *Les poètes maudits* (1884). [Pages 15, 27, 29, 34, 75, 91, 93, 98, 103, 108, 115, 126, 129, 136, 150]

❖ **Tristan Corbière** (Morlaix, 1845-1875)

L'« ankou », en breton, c'est la mort. L'« ankou », à Roscoff, en Bretagne, dans les années 1870, c'est Tristan Corbière, Édouard-Joachim Corbière plus exactement, mais le poète préfère le prénom Tristan car son identité totale se décline ainsi : « Triste en corps bière ». Il n'a pas trente ans quand il meurt à Morlaix, laissant un unique recueil de poèmes : *Les Amours jaunes*, publié à compte d'auteur. Une poésie étonnante qui chahute la syntaxe et le train-train des vers, des strophes. Une poésie d'une élégance désespérée, libre et lucide. Pour Verlaine et Huysmans (écrivain, 1848-1907), un poète majeur. Pour beaucoup d'autres depuis.

Ses œuvres : *Les Amours Jaunes* (1873) [Pages 77, 133, 158]

❖ **Maurice Rollinat** (Châteauroux, 1846-Ivry-sur-Seine, 1903)

Au cabaret du Chat Noir à Montmartre, vers 1880, on voit apparaître le soir un personnage qui joue et surjoue le rôle du poète décadent en bon hydropathe qu'il est, puisque l'eau le rend malade, comme Goudeau, fondateur du mouvement en 1878 : Maurice Rollinat. Filleul de George Sand, Rollinat est né à Châteauroux dans l'Indre. Établi à Paris, il y publie en 1877 un recueil plein des douceurs de la nature *Dans les brandes*. Six ans plus tard, en 1883, paraît *Les Névroses*. Les critiques le comparent à Baudelaire, mais Rollinat critiquant les critiques, refuse cette image qu'il ne cesse pourtant de cultiver au Chat Noir d'une façon si ambiguë et si outrée qu'il en devient une caricature de lui-même.

Ses œuvres : *Dans les brandes, poèmes et rondels* (1877) ; *Les Névroses* (1883) ; *L'Abîme* (1886). [Page 167]

❖ **Arthur Rimbaud** (Charleville, 1854-Marseille, 1891)

Quel chenapan, Rimbaud ! Son programme ? Tout casser, tout briser, tout détruire, tout brûler ! Des plans pour reconstruire ? Bof… Place à la poésie ! Le monde entier doit y entrer, l'univers doit y tenir, compressé dans l'atome de la beauté. Gageure que tout cela ? Point du tout : il suffit au poète de pratiquer « un long, immense et raisonné dérèglement de tous les sens » – ainsi s'exprime Rimbaud dans la lettre qu'il envoie à un poète de Douai, Paul Demeny, lettre depuis sacralisée par ses thuriféraires, et devenue *La Lettre du Voyant*... Chenapan de Rimbaud !

Oui mais... Quelle commotion lorsqu'on découvre son aventure avec les mots, quelle aveuglante lumière – ainsi la trace des météores... Entre seize et vingt ans, ses frasques avec Verlaine. Et pendant ces quatre ans seulement, la création poétique. Ensuite ? Plus rien. De vingt ans à trente-six ans – il meurt amputé d'une jambe à Marseille – rien d'autre que la vie précaire d'un marchand de café en Abyssinie, d'un petit trafiquant d'armes... Économe, recalculant sans cesse ses économies. Enragé encore. Mais rangé.

Ses œuvres : *Poésies complètes* (1895) *Une saison en enfer* (1873) ; *Illuminations* (publication en 1886). [Pages 42, 58, 94, 154, 161, 163, 220]

❖ **Jules Laforgue** (Montevideo, 1860-Paris, 1887)
Né à Montevideo, Jules Laforgue revient en France, s'établit à Tarbes, puis à Paris. En 1877, sa mère meurt en donnant le jour à son douzième enfant, à trente-huit ans. Après avoir échoué trois fois au baccalauréat, Jules

se tourne vers la poésie. En 1881, il devient lecteur de français à Berlin auprès de l'impératrice Augusta – grand-mère du futur Guillaume II (1859-1941), dernier empereur d'Allemagne. Il y rencontre une jeune anglaise, Leah Lee, le parfait amour. Jules meurt en août 1887, à vingt-sept ans. Leah lui survit seulement quelques mois. Léger, désabusé, tendre et ironique, Laforgue, le poète sans cesse au bord du vide, donne le change, multiplie les dialogues, les exclamations, les interrogations, crée des cadences nouvelles, des strophes qui se moquent des codes. Une poésie qui étonne et ravit…

Ses œuvres : *Les Complaintes* (1885), *L'Imitation de Notre-Dame la Lune* (1886), *Le Concile féerique* (1886). [PAGES 46, 79, 116, 212]

XXe siècle

❖ **Edmond Rostand** (Marseille, 1868-Paris, 1918)
27 décembre 1897. Première représentation de *Cyrano de Bergerac*… La veille, Edmond Rostand a failli lui couper le nez. Ou plutôt, saisi de mille doutes, trouvant trop longue sa pièce en cinq actes, il a tenté de la raccourcir, en coupant la célèbre tirade du nez – rappelez-vous :
« Ah ! non ! c'est un peu court, jeune homme !
On pouvait dire… Oh ! Dieu !… bien des choses en somme…

En variant le ton, – par exemple, tenez
Agressif: "Moi, monsieur, si j'avais un tel nez,
Il faudrait sur-le-champ que je me l'amputasse!"
Amical: "Mais il doit tremper dans votre tasse
Pour boire, faites-vous fabriquer un hanap!"
Descriptif: "C'est un roc!... c'est un pic!... c'est un cap!
Que dis-je, c'est un cap?... C'est une péninsule!"
Curieux: "De quoi sert cette oblongue capsule?
D'écritoire, monsieur, ou de boîte à ciseaux?"
Gracieux: "Aimez-vous à ce point les oiseaux
Que paternellement vous vous préoccupâtes
De tendre ce perchoir à leurs petites pattes?"
Truculent: "Ça, monsieur, lorsque vous pétunez,
La vapeur du tabac vous sort-elle du nez
Sans qu'un voisin ne crie au feu de cheminée?" [...] »

Finalement, Rostand conserve cette tirade. Sa pièce remporte un triomphe. Hier comme aujourd'hui. [PAGE 51]

❖ **Paul-Jean Toulet** (Pau, 1867-Guéthary, 1920)
L'île Maurice, Alger, le Pays basque, Paris, ses bars et ses noctambules. Des amis qui s'appellent Debussy, Henriot, Giraudoux, ou Maurice-Edmond Saillant, dit Curnonsky. Toulet, c'est tout cela. Avec Curnonsky, il s'en va en Extrême-Orient pour un reportage sur

l'exposition d'Hanoi. 1908 : il écrit les livres d'Henry-Gauthier Villars, dit Willy, l'ancien époux de Colette. Il publie des romans, vit la nuit dans les bars à whisky. 1912 : il s'installe au Pays basque, à Guéthary.

Quatre de ses amis – Francis Carco, Tristan Derème, Jean Pellerin et Léon Vérane – lui ont demandé de rassembler ses poèmes en un recueil. Ainsi naissent *Les Contrerimes* dont il relit les épreuves lorsque, le lundi 6 septembre 1920, il meurt d'une hémorragie cérébrale. Le recueil *Les Contrerimes* paraît le 31 décembre de la même année.

Ses œuvres : *Le Mariage de Don Quichotte* (1902) ; *Mon amie Nane* (1905) ; *Les Contrerimes* (1921) ? [PAGES 107, 185]

❖ **Francis Jammes** (Tournay, 1868-Hasparren, 1938)
Clerc de notaire à Orthez, Francis Jammes est un enfant du Béarn, un adulte du Pays Basque. Attaché à son terroir au point de ne le quitter qu'une fois pour accompagner Gide en Algérie, il fait, de ses poèmes, des asiles de simplicité pour les choses et les animaux - il est l'auteur, notamment, d'une étonnante *Prière pour aller au paradis avec les ânes* qui fait partie de son recueil le plus remarqué : De l'Angélus de l'aube à l'angélus du soir (1898), où l'on peut lire aussi le poème Il va neiger. C'est Jammes

qui, en 1902, encourage un jeune poète qui arrive de sa Guadeloupe natale avec ses parents : Alexis Léger, le futur Saint-John Perse. À trente-neuf ans, Jammes se marie avec une admiratrice qui lui donne sept enfants. Il meurt à 69 ans, sans avoir réussi, malgré plusieurs tentatives, à siéger sous la Coupole. [PAGES 148, 187]

❖ **Paul Valéry** (Sète, 1871-Paris, 1945)

Comment fonctionne l'intelligence humaine ? Paul Valéry s'interdit toute activité littéraire s'il ne trouve pas la réponse à cette question. Ce qui ne l'empêche pas de se livrer quotidiennement au plaisir de l'écriture, des milliers de pages – très littéraires… – constituant ses cahiers seront publiées après sa mort. Bonheur pour nous, lecteurs : en 1912, André Gide lui demande de différer la réponse à la question qu'il s'est posée, et de renouer avec l'écriture poétique. Cinq ans plus tard, Gaston Gallimard publie les cinq cent douze alexandrins de *La Jeune Parque*, qui étonnent et fascinent. En 1922 paraît le recueil *Charmes* qui contient « Le Cimetière marin » – poème des poèmes –, déjà publié en 1920. En 1925, Valéry est accueilli sous la coupole. Lors de la Seconde guerre mondiale, il perd son poste d'administrateur du centre universitaire de Nice, après avoir refusé la collaboration. [PAGES 39, 225]

❖ **Paul Fort** (Reims, 1872-Montlhéry, 1960)
Mallarmé, Verlaine, Gide, Moréas sont les amis de Paul Fort qui se passionne d'abord pour le théâtre – il n'a que dix-sept ans lorsqu'il lance un manifeste sur le théâtre symboliste. Cette passion aboutira à la création du théâtre de l'Art, rebaptisé, plus tard, théâtre de l'Œuvre. À vingt-quatre ans, il publie ses premiers poèmes dans le magazine *Le Mercure de France*. Rassemblés en un recueil, ces poèmes au lyrisme plein de fraîcheur et de simplicité, portent le nom de ballades. Sans ressemblance aucune avec celles de Villon dans leur forme, elles n'utilisent pas le vers classique, mais partent à la recherche du bonheur en utilisant le verset – vers libre de toute contrainte, qui prend ses aises et peut occuper deux ou trois lignes. Paul Fort fut élu prince des poètes en 1912. [Pages 78, 166]

❖ **Charles Péguy** (Orléans, 1873-Villeroy, 1914)
Dans un faubourg populaire d'Orléans, en 1873, l'année de la parution d'*Une saison en enfer* de Rimbaud, naît Charles Péguy. De milieu modeste, orphelin de père à quelques mois, élevé par sa mère et sa grand-mère qui rempaillent des chaises, il fait de brillantes études qui le conduisent à Normale sup. Profondément révolté par l'antisémitisme, il lutte pour la révision du procès d'Alfred Dreyfus. En 1900, il fonde *Les Cahiers de la*

Quinzaine dont paraîtront deux cent trente-huit numéros où sont publiées la plupart de ses œuvres. Lieutenant de réserve, Charles Péguy se retrouve au front au début de la Grande Guerre. Il meurt lors des premiers combats en 1914, le 5 septembre, près de Neufmontiers-lès-Meaux, criant à ses soldats : « Tirez ! Tirez toujours ! ». [PAGE 177]

❖ **Anna de Noailles** (1876-1933)

Princesse, comtesse, poétesse et romancière… Anna de Noailles a pris, dans ses poèmes, les mots pour des princes, des comtes et des poètes, elle leur a demandé d'investir le cœur et ses tourments, le désir et ses rêves afin que rien dans l'écriture ne dénature l'aveu ou bien l'adieu au bord des lèvres, ni l'émotion, ou le refus qui tue. Brillante, lyrique dans le Paris mondain du début du siècle, des années vingt, elle était d'origine roumaine par son père, grecque par sa mère.

Ses œuvres : *Le Cœur innombrable* (1901) ; *L'Ombre des jours* (1902) ; *La Nouvelle espérance* (1903) ; *Le Visage émerveillé* (1904) ; *Les Vivants et les morts* (1913) ; *Poèmes de l'amour* (1924) ; *Derniers vers* (1933). [PAGE 152]

❖ **Max Jacob** (Quimper, 1876-Drancy, 1944)

Professeur de piano, astrologue, magasinier, peintre (artiste peintre…), critique d'art sous le nom de Léon

David, clerc d'avoué… Poète avant tout : Max Jacob ! En 1901, il fait la rencontre de Picasso, partage avec lui une chambre boulevard Voltaire. Apollinaire, Braque deviennent leurs familiers. Installé au 7 de la rue Ravignan, en 1907, Max Jacob y reçoit, deux ans plus tard, la visite… du Christ ! Il se convertit alors au catholicisme – il est baptisé le 18 février 1915, Picasso est son parrain. Retiré à Saint-Benoît-sur-Loire de 1921 à 1927, puis de 1936 à 1944, il publie de nombreux recueils de poèmes, dont *Le Cornet à dés*, en 1917.

Le jeudi 24 février 1944, la gestapo arrête Max Jacob qui sort de la messe, à Saint-Benoît. Transféré au camp de Drancy quatre jours plus tard, il y meurt le dimanche 5 mars. Humour et tendresse, malice et décalage, effervescence, chahut des mots pour tenir les choses à distance… Max le grand, l'épatant Max vous attend. [PAGE 88]

❖ **Guillaume Apollinaire** (Rome, 1880-Paris, 1918)
Wilhelm Apollinaris de Kostrowitzky… Un bonheur pour nous qu'il ait simplifié ce long patronyme ! Guillaume Apollinaire a beaucoup voyagé avant de se fixer à Paris : né à Rome, il commence ses études à Monaco, les poursuit à Cannes, les termine à Nice, séjourne avec sa mère à Stavelot en Belgique – elle se

ruine au casino de Spa… Paris, enfin, en 1899. En 1901 et 1902, Apollinaire devient le précepteur de la fille de la vicomtesse de Milhau qui emploie également une gouvernante : Annie Playden. Guillaume au cœur tendre tombe amoureux d'Annie qui s'en méfie, et s'enfuit ! Grand malheur pour Guillaume qui écrit alors *L'Adieu* – grand bonheur pour nous, lecteurs…

Il y aura ensuite Marie Laurencin – pour elle : *Le Pont Mirabeau* –, il y aura Lou – pour elle cet acrostiche : « Le soir descend/On y pressent/Un long destin de sang. » –, il y aura Madeleine Pagès, Jacqueline Kolb… Il y aura la terrible blessure du 17 mars 1916 : un éclat d'obus dans la tempe – Apollinaire s'est engagé en 1914. Et puis la mort, de la grippe espagnole, en 1918. De cet ami de Max Jacob, de Picasso, du Douanier Rousseau, de Paul Léautaud, il nous reste Marie, mille autres poésies. La Poésie…

Ses œuvres : *L'Enchanteur pourrissant* (1909) ; *L'Hérésiarque et Cie* (1910) ; *Le Bestiaire ou cortège d'Orphée* (1911) ; *Alcools* (1913) ; *Le Poète assassiné* (1916) ; *Les Mamelles de Tirésias* (1917) ; *Calligrammes* (1918). [PAGES 17, 30, 83, 102, 132, 134, 135, 150, 167, 181, 208]

❖ **Paul Éluard** (Saint-Denis, 1895-Paris, 1952)
Hélas ! Hélas mille fois ! Et pourquoi ? Pourquoi Gala alla à Dali ? Gala – Helene Dimitrieva Diakonava – avait

rencontré Eugène Grindel en Suisse. Comme lui, elle soignait là-bas sa tuberculose. Tous deux guéris, ils se marient en 1916. Eugène Grindel écrit de la poésie. Il se choisit un pseudonyme : Éluard – le nom de sa grand-mère –, le fait précéder du prénom Paul. Paul Éluard participe au mouvement des années vingt, Dada (son inventeur, Tristan Tzara, veut détruire l'ordre existant, qui a produit la guerre). En même temps, il devient un surréaliste actif, si actif qu'en 1923, il va boxer Tzara sur ordre d'André Breton !

En 1924, Éluard disparaît de la circulation ! On le recherche, on le retrouve… en Asie. Il était parti faire le tour du monde ! En réalité, il fuit ses amours tourmentées avec Gala. 1926 : Éluard publie son œuvre majeure : *Capitale de la douleur*. Puis Gala s'en va avec Salvador Dali, le génie aux facétieuses moustaches… Éluard ne se remettra jamais de cette séparation. Il voyage beaucoup, aime de nouveau. Clandestin pendant la guerre, il participe à la création des éditions de Minuit. Nusch avec qui il a refait sa vie meurt en 1946. Douleur insupportable qui s'apaise en 1951 auprès d'une nouvelle compagne : Dominique. Un an plus tard, Éluard meurt.

Ses œuvres : *Capitale de la douleur* (1926) ; *La vie immédiate* (1932) ; *Les yeux fertiles* (1936) ; *Poésie et vérité* (1942) ; *Les sept poèmes d'amour en guerre* (1943) ; *Poésie*

ininterrompue (1946) ; *Notre vie* (1947) ; *Le Phénix* (1951).
[Pages 22, 89, 153]

❖ **Louis Aragon** (Paris, 1897-1982)
Aragon ! Louis Andrieux, préfet de police de Paris, décide de donner ce nom à son fils. Aragon. Pourquoi pas Andrieux ? C'est que... Louis Andrieux est un homme installé dans la vie, avec femme et enfants. Ce petit Louis qui vient de naître en 1897 a pour mère une jeune fille dont il est tombé amoureux fou : Marguerite Toucas. Elle a trente-quatre ans de moins que lui qui est presque sexagénaire ! Et pourquoi Aragon ? Parce que c'est le nom d'une province d'Espagne dont Louis Andrieux conserve un doux souvenir – il y fut en poste plusieurs années.

À Saint-Pierre de Neuilly où il va à l'école, le petit Louis Aragon, frêle, est souvent la cible de petits cruels. Mais un grand le défend. Et ce grand – plus âgé d'un an – a pour nom Montherlant... Deux Grands aujourd'hui, Aragon et Montherlant !

Aragon participe au mouvement Dada, au surréalisme, publie des romans, des poèmes. Il rencontre Elsa Triolet (Ella Iourevna Kagan) le 6 novembre 1928, à cinq heures, au restaurant La Coupole, à Paris. Ils ne se quitteront plus. Il écrit pour elle les plus beaux poèmes d'amour de la langue française.

Ses œuvres : *Le Paysan de Paris* (1926) ; *Les Cloches de Bâle* (1933) ; *Les Beaux Quartiers* (1936) ; *Le Crève-cœur* (1941) ; *Le Musée Grévin* (1942) ; *Les Yeux d'Elsa* (1942) ; *Aurélien* (1945) ; *La Diane française* (1945) ; *La Semaine sainte* (1959) *Elsa* (1958) ; *Le Fou d'Elsa* (1963). [PAGES 48, 85, 179]

❖ **Jacques Prévert** (Neuilly-sur-Seine, 1900-Omonville-la-Petite, 1977)
Prévert s'est ennuyé ferme sur les bancs de l'école. À quinze ans, il décide de la quitter pour toujours, et de chercher de petits emplois qui le conduisent derrière les comptoirs du Bon Marché. Puis il hante les coulisses des théâtres, se demande quel rôle il pourrait bien jouer dans la vie. Il découvre le cinéma où il excelle dans l'écriture de scénarios. Il écrit des chansons – l'inoubliable, l'inusable *Les Feuilles mortes* sur une musique de Joseph Kosma. Enfin, voici la poésie. Un recueil, son premier, publié à quarante-six ans : *Paroles*. Les ventes s'envolent : plusieurs millions d'exemplaires ! Il poursuit la publication de recueils de poèmes et les scénarios ou dialogues de films jusqu'à sa mort, à soixante-dix-sept ans.

Ses œuvres : *Paroles* (1946) – nombreux autres recueils de poèmes, scénarios et dialogues de films. [PAGES 80, 208]

❖ **Robert Desnos** (Paris, 1900-mort en déportation à Terezin, Tchécoslovaquie, le 8 juin 1945)
Le 22 février 1944, on avertit Robert Desnos que la gestapo va venir l'arrêter. Il s'y attend depuis longtemps : en effet, journaliste, il cache une activité de résistant qui a été découverte. Plutôt que d'exposer sa femme Youki à la torture en disparaissant, il se laisse capturer. Il est déporté au camp de Flöha, en Saxe, puis transféré au camp de concentration de Terezin (aujourd'hui en République Tchèque) ; c'est là qu'il meurt du typhus le 8 juin 1945. Mis à l'écart du mouvement surréaliste duquel il avait fait partie, Robert Desnos a publié, en dehors de toute école, de tout dogmatisme, une œuvre riche et originale.

Ses œuvres : *Rrose Sélavy* (1923) ; *La Liberté de l'amour* (1927) ; *Corps et biens* (1930) ; *Sans cou* (1934) ; *État de veille* (1943). [Pages 112, 206]

❖ **Henri Michaux** (Namur, 1899-Paris, 1984)
Je vous écris d'un pays lointain. De quel pays ? De quel exil, Henri Michaux ? Le titre de cette œuvre, publié en 1937, n'est-t-il pas celui de tous vos livres ? Que vous vous trouviez en Amérique du Sud, en Turquie, en Extrême-Orient, ou bien tout près de vos amis – si rares – vous écrivez toujours d'un univers situé aux confins de vous-même, où vous êtes seul. Sans l'être vraiment, vous

écrivez : « On n'est pas seul dans sa peau. » Vous écrivez aussi : « On veut trop être quelqu'un. » Ou bien : « On n'est pas fait d'un seul moi. » En vous lisant, on comprend tout cela : la crainte de soi, la discrétion comme vertu, le doute pour identité. Et le langage pour grand combat…

Ses œuvres : *La Nuit remue* (1935) ; *Plume* (1938) ; *Épreuves, exorcismes* (1946). [Page 207]

❖ **Jean Tardieu** (Saint-Germain-de-Joux, 1903-Paris, 1995)

Après des études au lycée Condorcet, puis à la Sorbonne, Jean Tardieu devient rédacteur aux Musées nationaux. Acteur de la Résistance pendant la Seconde Guerre mondiale, il commence sa carrière d'homme de radio à la Libération. Son œuvre dramatique, jouée à partir des années cinquante, remporte un succès considérable. Le fantastique, l'irréel, l'absurde, l'humour s'y marient en trompant les mots qui s'invitent pour cette grande fête du sourire, ces grandes vacances du sens. [Page 76]

❖ **Léopold Sédar Senghor** (Joal, Sénégal, 1906-Verson, Calvados, 2001)

Agrégé de grammaire à vingt-neuf ans, après des études au Sénégal, puis à Louis-le-Grand à Paris, et à la Sorbonne, Léopold Sédar Senghor, né au Sénégal, enseigne au lycée Descartes, à Tours, entre 1935 et 1938. Mobilisé en 1939, fait prisonnier en 1940, il retrouve la liberté en janvier 1942, réformé pour maladie. Il entre alors dans la Résistance. Sa riche carrière politique qui commence en 1945 le conduit à la première présidence de la République du Sénégal, le 5 septembre 1960. Constamment réélu, il quitte volontairement cette fonction en décembre 1980. Son œuvre poétique, riche de vingt recueils, a été couronnée par les prix les plus prestigieux. [Page 44]

❖ **René Char** (L'Isle-sur-la-Sorgue, 1907-Paris, 1988) Ralentir, travaux. Voilà le titre que trois poètes donnent au recueil qu'ils publient ensemble en 1930. Trois surréalistes qui se nomment André Breton, Paul Éluard et René Char. Dix ans plus tard, la guerre éclate. Char va devenir le capitaine Alexandre, chef de la section atterrissages-parachutages Région 2 dans le département des Basses-Alpes. Après la Libération, il rencontre les peintres Matisse, Braque, Nicolas de Staël, Picasso, Giacometti. Il collabore aux *Cahiers d'art*, à d'autres revues. Char est l'auteur de nombreux recueils où se déploie un langage prompt au mystère, où l'image devient signe, où le signe perd le sens, déroute, et conduit dans le grand large de tous les possibles. [Page 107]

❖ **René Guy Cadou** (Sainte-Reine-de-Bretagne, 1920-Louisfert, 1951)

En 1937, René Guy Cadou publie son premier recueil de poèmes : Brancardiers de l'aube. Il n'a que dix-sept ans et possède déjà dans son écriture ce don de la surprise, cette faculté d'utiliser l'artifice de sensations anciennes, aveugles, qui conduisent à la vitesse de l'éclair l'imaginaire au ravissement. Instituteur à Louisfert, en Loire-Inférieure (Loire-Atlantique depuis 1957) à partir de 1945, il y poursuit son œuvre aux côtés de sa femme Hélène, poète elle-même. René Guy Cadou est mort dans la nuit du premier jour du printemps 1951, le 21 mars. Hélène a disparu dans la nuit du premier jour de l'été 2014, le 21 juin.

Il a quitté le monde après avoir laissé à ceux qu'il aime ce message : « Le temps qui m'est donné, que l'amour le prolonge ».

Ses œuvres : *Poésie la vie entière*, recueil des œuvres complètes, publié en 1976. [Pages 18, 32, 42, 131]

❖ **Yves Bonnefoy** (Tours, 1923-Paris, 2016)

Math sup, math spé, un certificat de mathématiques générales à l'université de Poitiers. Les grandes écoles ? Oui, mais… Les énigmes mathématiques ont trouvé une concurrente de taille dans l'esprit d'Yves Bonnefoy :

l'énigme poétique. Depuis des millénaires, on s'emploie à la résoudre en proposant des formules qui ont pris pour support, pendant des siècles, la scansion et la rime, avec de belles réussites, mais rien de décisif – la poésie, cette inconnue demeure irrésolue. Yves Bonnefoy décide de s'y mesurer – il a croisé, sur sa route, Gaston Bachelard, le philosophe, et André Breton, le surréaliste. Libre, sobre, simple et riche, la poésie de Bonnefoy conquiert l'insoupçonné, résout à sa façon sa propre énigme, nous emporte, nous ravit. [PAGES 33, 234]

❖ **Charles Le Quintrec** (Plescop, 1926-Lorient, 2008) Sous le titre *Terre océane*, un choix des poèmes de Charles Le Quintrec paraît en 2006. On y lit ou relit avec bonheur des extraits de son premier recueil Les Temps obscurs, publié en 1953. On y retrouve l'essentiel des *Noces de la terre* (1957), de *La Lampe du corps* (1962), de *Stances du verbe amour* (1966), de *La Marche des arbres*, grand prix international de poésie en 1970, et d'une dizaine d'autres recueils publiés depuis – prix Apollinaire, Max Jacob, Saint-Simon… L'enfant de Plescop, qui fut le critique littéraire du quotidien *Ouest-France* pendant de nombreuses années, est également romancier, essayiste, diariste. Le Grand prix de la Société des gens de lettres lui a été décerné pour l'ensemble de son œuvre. [PAGE 67]

❖ **Guy Goffette** (né en 1947)
Du premier au dernier mot de « Le palier », vous ne quittez pas la rassurante compagnie du sens qui s'élabore avec un soupçon de soleil, des troupeaux, l'échine des jours… La poésie de Guy Goffette se déroule ainsi sur la page, entre des paysages à la Francis Jammes, des souvenirs sans fards, et de la douceur dans la couleur qui naît, passe et se meurt au fil d'un crépuscule où il fait bon suivre *Le Dormeur près du toit* – recueil paru en 1986. Né en 1947 à Jamoigne en Belgique, Guy Goffette vit et publie à Paris, romans, récits, essais, proses et poésie. Le tout à la fois simple et dense, et tout cela rassure et repose l'esprit. [PAGE 234]

❖ **Cécile Coulon** (née à Clermont-Ferrand en 1990)
La littérature, le cinéma, la musique… et la poésie ! Cécile Coulon, née en 1990 a reçu le prix Apollinaire (2018) pour son recueil de poèmes *Les Ronces*. Après plusieurs romans, dont *Trois saisons d'orage*, prix des libraires en 2017, la jeune Clermontoise à « l'écriture, tour à tour sèche comme une trique ou gorgée de sève et de feu » selon *Le Monde des livres*, offre à la poésie d'étranges et magnifiques glanures d'instants où doutes et tristesses, ornés de sa plume, deviennent parures. [PAGE 234]